¡HAY ALGO MÁS!

¡HAY ALGO MÁS!

RANDY CLARK

CASA
CREACIÓN
Para vivir la Palabra

Para vivir la Palabra

MANTENGAN LOS OJOS ABIERTOS,
AFÉRRENSE A SUS CONVICCIONES,
ENTRÉGUENSE POR COMPLETO,
PERMANEZCAN FIRMES,
Y AMEN TODO EL TIEMPO.
—1 Corintios 16:13-14 (Biblia El Mensaje)

¡Hay algo más! por Randy Clark
Publicado por Casa Creación
Miami, Florida
www.casacreacion.com
©2014 Derechos reservados

Library of Congress Control Number: 2013956093
ISBN: 978-1-62136-497-9
E-book ISBN: 978-1-62136-498-6

Desarrollo editorial: *Grupo Nivel Uno, Inc.*
Foto cortesía de: *David McKay*
Adaptación de diseño interior y portada: *Grupo Nivel Uno, Inc.*

Publicado originalmente en inglés bajo el título:
There Is More!
Chosen, una división de Baker Publishing Group
Grand Rapids, Michigan, 49516, U.S.A
Copyright © 2013 by Randy Clark
Todos los derechos reservados.

Nota de la editorial: Aunque el autor hizo todo lo posible por proveer teléfonos y
páginas de internet correctos al momento de la publicación de este libro, ni la editorial
ni el autor se responsabilizan por errores o cambios que puedan surgir luego de haberse
publicado.

Impreso en Colombia

24 25 26 27 28 LBS 9 8 7 6 5 4 3 2 1

Dedico este libro a las personas que impusieron sus manos sobre mí y de quienes recibí impartición del Espíritu. En orden cronológico: John Wimber, Blaine Cook, Rodney Howard-Browne, Benny Hinn, Omar Cabrera (padre) y Carlos Annacondia.

Además, dedico este libro a todos aquellos sobre quienes he impuesto mis manos y han recibido la impartición soberana de Dios, y han continuado bajo el poder de su gracia, demostrando con hechos su amor hacia otros.

Finalmente, dedico este libro a mi esposa DeAnne, y a mis hijos: Josh y su esposa Tonya; Johannah y su esposo, David Leach; Josiah y su esposa, Allie; y Jeremiah. Y, por supuesto, a mis nietos Simeon y Selah.

Contenido

Parte 4: La restauración de la doctrina perdida de la impartición

Prólogo

Pocas personas en la historia moderna han causado tanto impacto en la Iglesia mundial como Randy Clark. Su humilde manera de ejercer el ministerio, y su sometimiento a la voluntad divina lo han mantenido a la vanguardia del avivamiento.

Hay momentos en los que Dios hace su impartición sobre un individuo. Yo la he recibido cada vez que Randy ha impuesto sus manos sobre mí. De hecho, hay momentos en los que Dios imparte a toda la iglesia. Eso fue precisamente lo que ocurrió durante la visita de Randy a Redding. La impartición que él trajo a la Iglesia Betel transformó las vidas de cientos de nosotros, y desde entonces no hemos sido los mismos.

Uno de los mayores privilegios de mi vida ha sido mantener amistad y sociedad con Randy. La impartición que él recibió ha sido transferida a muchísimos otros que ahora están transformando sus mundos. Yo siempre les digo a los jóvenes que además de Goliat, por lo menos otros cuatro gigantes fueron aniquilados en la Biblia; todos por parte de hombres que seguían a David. Si usted quiere aniquilar gigantes, debe seguir a un aniquilador de gigantes.

De eso trata la impartición.

Pastor Bill Johnson, Iglesia Betel,
Redding, California

Introducción

¡Hay algo más!, y ese "más" es la realidad de Dios acercándose, desgarrando los cielos, y bajando hacia nosotros. Es la diferencia entre los momentos de avivamiento y los momentos de declive en la iglesia. Los avivamientos son liderados por personas que han sido tocadas por ese "algo más", bien sea que esa experiencia esté escrita en la forma de una consagración y santificación absolutas, o en el bautismo en el Espíritu Santo. Los momentos de avivamiento están protagonizados por personas que creen que la vida que viven y que las cosas que está experimentando la iglesia están por debajo de lo que es posible para Dios y está disponible de Él. Este pensamiento los lleva a buscar la impartición de algo más de parte de Dios.

Este libro trata sobre la impartición de ese "algo más". Pero, ¿qué es exactamente ese algo más? Son muchas cosas: Más amor por Dios y la humanidad, más poder, más unción, más gozo, más preocupación por los perdidos, más revelación de parte de Dios sobre las necesidades de los demás, más convicción de pecado, más fe en la oración, más conversiones, más dones, más curaciones, más liberaciones, más iglesias plantadas, y más de todo lo relacionado con el Reino de Dios.

Los que han recibido impartición de la gracia capacitadora de Dios se convierten en forjadores de la historia. Tal vez no siempre hagan historia a nivel nacional o internacional, pero transforman su historia personal y las de quienes los rodean en sus iglesia y su comunidad. Una impartición poderosa produce frutos para el Reino de Dios. No es un asunto de palabras, sino una demostración de poder.

La experiencia de impartición de la que hablo no tiene que ver solo con recibir una bendición de Dios. Tampoco es un asunto de ser fortalecido por el Espíritu Santo o por un ángel. Es mucho más que eso. El destino está ligado a la impartición. Esta muchas veces viene acompañada de una palabra profética que revela ese destino. En otras ocasiones, el destino de la persona ya le ha sido revelado, y luego recibe una impartición que le permite completar ese destino dado por Dios.

Las siguientes páginas están llenas de testimonios que validan el título de este libro. ¡Hay algo más! Al escribir este libro, espero estimular un mayor deseo por ese "algo más" de parte de Dios. Muchos cristianos, especialmente en la Iglesia occidental, ni siquiera saben que hay mucho más aparte de la rutina de su cultura eclesiástica. Al leer estas páginas, espero que usted desee experimentar más de la poderosa presencia de Dios, que desee recibir su impartición personal y ser usado de manera más poderosa por Dios en su iglesia, su comunidad, su ciudad, y el mundo.

PARTE I

La realidad de la impartición

"Por eso te recomiendo que avives la llama del don de Dios que recibiste cuando te impuse las manos".

—2 Timoteo 1:6

"¡La paz sea con ustedes! —repitió Jesús—. Como el Padre me envió a mí, así yo los envío a ustedes. Acto seguido, sopló sobre ellos y les dijo: Reciban el Espíritu Santo".

—Juan. 20:21 22

I

El fundamento bíblico de la impartición

¿Hay algún precedente bíblico relacionado con la impartición? ¿Forma esta práctica y doctrina parte de nuestra herencia ortodoxa cristiana, o se trata solo de un extraña novedad en la historia eclesiástica?

Estas preguntas sobre la impartición han levantado toda clase de opiniones y controversias que aún revolotean alrededor del movimiento actual de avivamiento.

A través de esta obra deseo proveer cierto piso común al conocimiento bíblico e histórico de la impartición, con el propósito de "mantener la unidad del Espíritu mediante el vínculo de la paz" (Ef. 4:3).

El autor de Hebreos consideraba tan común "la imposición de manos" en la vida cristiana, que se refiere a ella como un elemento fundamental y la considera una enseñanza elemental de la iglesia apostólica:

"Por eso, dejando a un lado las enseñanzas elementales acerca de Cristo, avancemos hacia la madurez. No volvamos a poner los fundamentos, tales como el arrepentimiento de las obras que conducen a la muerte, la fe en Dios, la instrucción sobre bautismos, la *imposición de manos*, la resurrección de los muertos y el juicio eterno. Así procederemos, si Dios lo permite" (Heb. 6:1–3, itálicas añadidas).

La Biblia enseña tanto en el Antiguo como en el Nuevo Testamento el principio de que los seres humanos podemos recibir unción de parte de Dios. Esta unción puede manifestarse a través de uno o varios dones del Espíritu Santo, mediante la plenitud del Espíritu (especialmente para recibir poder), o el bautismo en el Espíritu Santo. El concepto de la impartición o transferencia de la unción tiene una base bíblica sólida. En Brasil, donde ministro frecuentemente, en vez de "impartición" se usa la frase "transferencia de unción". Creo que esta manera de describirla puede ser de utilidad para los que no están familiarizados con el término "impartición".

Al examinar los ejemplos bíblicos, encontramos que esta unción a menudo llega a través de la imposición de las manos. Pero permítame aclarar algo importante: la imposición de manos no es la única manera de recibir impartición de parte de Dios. Es solo una de dos maneras descritas en las Escrituras. La otra es esperando en Dios a través de la oración. Esta segunda manera suele ser muchas veces descuidada por la iglesia, y por eso hago énfasis en ella varias veces en el libro.

La impartición en el Antiguo Testamento

Veamos algunos pasajes del Antiguo Testamento que apoyan el concepto de la impartición. La primera se encuentra en Números 11:16–18:

"El Señor le respondió a Moisés: Tráeme a setenta ancianos de Israel, y asegúrate de que sean ancianos y gobernantes del pueblo. Llévalos a la Tienda de reunión, y haz que esperen allí contigo. Yo descenderé para hablar contigo, *y compartiré con ellos el Espíritu que está sobre ti*, para que te ayuden a llevar la carga que te significa este pueblo. Así no tendrás que llevarla tú solo" (itálicas añadidas).

Aunque el pasaje no menciona que Moisés haya impuesto sus manos sobre los ancianos para que la recibieran, el concepto de transferencia de unción de un hombre a otro está presente. De igual manera, se evidencia en el texto de Números el principio de que esto no es algo que el hombre puede hacer por sí solo, sino un acto de Dios que depende totalmente de su llamado y unción.

En Deuteronomio 34:9 encontramos nuevamente una transferencia de unción: "Entonces Josué hijo de Nun fue lleno de espíritu de sabiduría, porque Moisés puso sus manos sobre él. Los israelitas, por su parte, obedecieron a Josué e hicieron lo que el Señor le había ordenado a Moisés". Esta vez sí se menciona que Josué recibió el espíritu de sabiduría porque Moisés impuso sus manos sobre él. Pero con o sin el hecho de imponer las manos la transferencia de la unción es un acto de origen divino claramente documentado en la Biblia.

Otro ejemplo se encuentra en 2 Reyes 2:9–15; un conocido pasaje que dice que la unción de Elías fue transferida a Eliseo, su hijo espiritual. Este pasaje muestra que es posible recibir una unción similar a la de otra persona. Cuando Eliseo dijo: "Te pido que sea yo el heredero de tu espíritu por partida doble" (v. 9), no estaba pidiendo el poder del espíritu humano de Elías, sino que el Espíritu de Dios trabajara a través de él como lo había hecho a través de su maestro. De igual manera, cuando el pueblo dijo: "¡El espíritu de Elías se ha posado sobre Eliseo!" (v. 15), no se referían a que Elías había recibido literalmente poder del espíritu del hombre Elías, sino que el Espíritu de Dios estaba trabajando poderosamente a través de Eliseo como habían visto que lo hacía a través de Elías.

La impartición en el Nuevo Testamento

El Nuevo Testamento también contiene ejemplos que contienen las dos maneras en que podemos recibir poder, dones, unción, plenitud o bautismo en el Espíritu Santo. Como ya mencioné, una de ellas es orando y esperando en Dios, y la otra a través de la imposición de manos. ¿A qué se refiere la "imposición de las manos" en Hebreos 6:1–3 que cité al principio? A varias cosas: al acto de ordenación; sanidad o bendiciones y, de manera significativa para nosotros, a la impartición. Examinemos cada una junto a algunos pasajes bíblicos asociados con ellas.

El acto de ordenación

En 1 Timoteo 4:14 encontramos lo que probablemente es una referencia a la ordenación de Timoteo. "Ejercita el don que recibiste mediante profecía, cuando los ancianos te impusieron las manos". Y en 1 Timoteo 5:22 tenemos otra posible referencia a la imposición de manos asociada con la ordenación: "No te apresures a imponerle las manos a nadie, no sea que te hagas cómplice de pecados ajenos". Lo mismo se encuentra en Hechos 6:6, en lo que muchos consideran la ordenación de los primeros diáconos: "Los presentaron a los apóstoles, quienes oraron y les impusieron las manos".

El primer servicio de ordenamiento o comisión de misioneros está registrado en Hechos 13:1–3, especialmente en el versículo 3: "Así que después de ayunar, orar e imponerles las manos, los despidieron". Más adelante encontramos en Timoteo que estos servicios no eran simples rituales, sino ocasiones en las que el

Espíritu Santo impartía dones y capacitaba a los creyentes para el ministerio. De igual manera, estos dones muchas veces estaban acompañados de profecía.

Sanación o profecía

La imposición de manos no se usaba solo en las ordenaciones, sino también para sanar o bendecir. Mateo 19:13–15 nos dice:

"Llevaron unos niños a Jesús *para que les impusiera las manos* y orara por ellos, pero los discípulos reprendían a quienes los llevaban. Jesús dijo: 'Dejen que los niños vengan a mí, y no se lo impidan, porque el reino de los cielos es de quienes son como ellos'. Después de *poner las manos sobre ellos*, se fue de allí" (Itálicas añadidas).

Aunque en el texto no se precisa si Jesús colocó sus manos sobre los niños para bendecirlos o para curarlos, sabemos que Jesús hacía ambas cosas. En Marcos 10:16 se dice explícitamente que él imponía sus manos sobre la gente para bendecirla: "Y después de abrazarlos, los bendecía poniendo las manos sobre ellos". Mientras que en Marcos 5:23 se dice claramente que Jesús también imponía sus manos para curar. Jairo le rogó a Jesús: "Mi hijita se está muriendo. Ven y pon tus manos sobre ella para que se sane y viva", y Jesús lo hizo.

Aunque Jesús sanó de muchas otras maneras además de la imposición de manos, muchas referencias en los evangelios conectan la imposición de manos con el ministerio de sanación. A continuación algunos ejemplos:

"En efecto, [Jesús] no pudo hacer allí ningún milagro, excepto sanar a unos pocos enfermos al imponerles las manos" (Mr. 6:5).

"Él tomó de la mano al ciego y lo sacó fuera del pueblo. Después de escupirle en los ojos y de poner las manos sobre él, le preguntó: '¿Puedes ver ahora?'. El hombre alzó los ojos y dijo: 'Veo gente; parecen árboles que caminan'. Entonces *le puso de nuevo las manos sobre los ojos*, y el ciego fue curado: recobró la vista y comenzó a ver todo con claridad" (Mr. 8:23–25, itálicas añadidas).

"Al ponerse el sol, la gente le llevó a Jesús todos los que padecían de diversas enfermedades; él puso las manos sobre cada uno de ellos y los sanó" (Lc. 4:40).

"Al mismo tiempo, puso las manos sobre ella, y al instante la mujer se enderezó y empezó a alabar a Dios. Indignado porque Jesús había sanado en sábado, el jefe de la sinagoga intervino, dirigiéndose a la gente: 'Hay seis días en que se puede trabajar, así que vengan esos días para ser sanados, y no el sábado'" (Lc. 13:13–14).

Los discípulos también siguieron el ejemplo de Jesús e impusieron sus manos sobre los enfermos para sanarlos. Marcos 16:18 dice de los creyentes: "Pondrán las manos sobre los enfermos, y estos recobrarán la salud". En Hechos 28:8–9, Pablo pone en práctica la imposición de manos para sanar. En la isla de Malta un hombre estaba en cama enfermo con fiebre y disentería. "Pablo entró a verlo y, después de orar, le impuso las manos y lo sanó. Como consecuencia de esto, los demás enfermos de la isla también acudían y eran sanados".

El mismo Pablo también recibió sanidad a través de la imposición de manos:

"Ananías se fue y, cuando llegó a la casa, *le impuso las manos a Saulo* y le dijo: 'Hermano Saulo, el Señor Jesús, que se te apareció en el camino, me ha enviado para que recobres la vista y seas lleno del Espíritu Santo'. Al instante cayó de los ojos de Saulo algo como escamas, y recobró la vista. Se levantó y fue bautizado; y habiendo comido, recobró las fuerzas" (Hch 9:17–19, itálicas añadidas).

Aunque no está expresado de manera directa, este pasaje sugiere que Pablo no solo recibió salud física, sino la plenitud del Espíritu Santo cuando Ananías le impuso las manos.

Impartición

Otro aspecto de la doctrina de la imposición de manos está relacionado con la impartición. La impartición que vemos en la Biblia es tanto de dones del Espíritu, como de plenitud o bautismo del Espíritu Santo. Lucas es el historiador del Espíritu Santo. Creo que él escribió el Evangelio de Lucas y el libro de los Hechos consciente del significado teológico de la historia que estaba registrando. En Hechos él registra más de una ocasión en que las personas fueron llenadas con el Espíritu Santo sin ninguna mención de la imposición de manos:

"Cuando llegó el día de Pentecostés, estaban todos juntos en el mismo lugar. De repente, vino del cielo un ruido como el de una violenta ráfaga de viento y llenó toda la casa donde estaban reunidos. Se les aparecieron entonces unas lenguas como de fuego que se repartieron y se posaron sobre cada uno de ellos. Todos fueron llenos del Espíritu Santo y comenzaron a hablar en diferentes lenguas, según el Espíritu les concedía expresarse" (Hch. 2:1–4).

"'Ahora, Señor, toma en cuenta sus amenazas y concede a tus siervos el proclamar tu palabra sin temor alguno. Por eso, extiende tu mano para sanar y hacer señales y prodigios mediante el nombre de tu santo siervo Jesús'. Después de haber orado, tembló el lugar en que estaban reunidos; todos fueron llenos del Espíritu Santo, y proclamaban la palabra de Dios sin temor alguno" (Hch. 4:29–31).

"Mientras Pedro estaba todavía hablando, el Espíritu Santo descendió sobre todos los que escuchaban el mensaje. Los defensores de la circuncisión que habían llegado con Pedro se quedaron asombrados de que el don del Espíritu Santo se hubiera derramado también sobre los gentiles, pues los oían hablar en lenguas y alabar a Dios. Entonces Pedro respondió: '¿Acaso puede alguien negar el agua para que sean bautizados estos que han recibido el Espíritu Santo lo mismo que nosotros?'" (Hch. 10:44–47).

En Hechos 2 y 4 el Espíritu Santo desciende sobre los creyentes que estaban buscando poder de Dios. En Hechos 10, cuando Pedro predicó por primera vez a los gentiles, el Espíritu Santo fue derramado sobre todos los que escuchaban el mensaje, incluso mientras estaban siendo salvados.

Fíjese que el día de Pentecostés no fue el día en que los discípulos recibieron por primera vez el Espíritu Santo, sino más bien el día en que fueron llenos del Él. Según Juan 20:21–22, los discípulos recibieron el Espíritu Santo por primera vez cuando Jesús sopló sobre ellos y dijo: "'¡La paz sea con ustedes! [...]. Como el Padre me envió a mí, así yo los envío a ustedes'. Acto seguido, sopló sobre ellos y les dijo: 'Reciban el Espíritu Santo'".

Más pertinente, sin embargo, dado el que estamos tratando, son los registros de Lucas de las veces en que el Espíritu Santo o sus dones fueron impartidos *mediante* la imposición de manos. En Hechos 8:14–17 leemos acerca del reavivamiento en Samaria:

"Cuando los apóstoles que estaban en Jerusalén se enteraron de que los samaritanos habían aceptado la palabra de Dios, les enviaron a Pedro y a Juan. Estos, al llegar, oraron por ellos para que recibieran el Espíritu Santo, porque el Espíritu aún no había descendido sobre ninguno de ellos; solamente habían sido bautizados en el nombre del Señor Jesús. Entonces Pedro y Juan *les impusieron las manos*, y ellos recibieron el Espíritu Santo" (Itálicas añadidas).

Aparentemente, la impartición del Espíritu Santo estaba acompañada de alguna clase de manifestación visible, ya que Lucas continúa narrando la reacción de Simón el hechicero en los versículos 18 y 19: "Al ver Simón que mediante la imposición de las manos de los apóstoles se daba el Espíritu Santo, les ofreció dinero y les pidió: 'Denme también a mí ese poder, para que todos a quienes yo les imponga las manos reciban el Espíritu Santo'".

El segundo pasaje relacionado con la impartición mediante la imposición de manos está en el registro teológico histórico de Lucas en Hechos 19:6. Pablo, en vez de Pedro y Juan, impone sus manos sobre los creyentes recién bautizados en Éfeso. "Cuando Pablo *les impuso las manos*, el Espíritu Santo vino sobre ellos, y empezaron a hablar en lenguas y a profetizar. Eran en total unos doce hombres" (Itálicas añadidas).

Llama la atención que tanto en Samaria como en Éfeso, la experiencia de recibir el Espíritu Santo ocurre después de creer. Algunos enseñan que el bautismo del Espíritu Santo ocurre al momento de la salvación, pero esto es algo difícil de probar mediante los escritos de Lucas. No vemos que eso sea lo que ocurre en ninguno de los pasajes que hemos estudiado hasta ahora. Todas las referencias son de los primeros años de la iglesia del Nuevo Testamento, y narran cómo y cuándo la gente recibió el Espíritu Santo; o describen lo que ocurría cuando el Espíritu

Santo era "derramado" sobre los creyentes. El foco de cada narrativa se centra en cómo ocurre la impartición del Espíritu Santo, en vez de la regeneración del Espíritu Santo que ocurre al momento de la salvación.

En Romanos 1:11–12 encontramos nuevamente el concepto de impartición. Esta vez habla de la impartición de algún don espiritual a los cristianos en Roma. Pablo escribe: "Tengo muchos deseos de verlos para impartirles algún don espiritual que los fortalezca; mejor dicho, para que unos a otros nos animemos con la fe que compartimos".

La actividad del Espíritu Santo era vital para el entendimiento de Pablo sobre su papel como apóstol. Al final de su epístola a los Romanos, Pablo subraya la conexión entre su proclamación de la Palabra y el poder recibido de parte del Espíritu. En Romanos 15:17–19 el afirma:

"Por tanto, mi servicio a Dios es para mí motivo de orgullo en Cristo Jesús. No me atreveré a hablar de nada sino de lo que Cristo ha hecho por medio de mí para que los gentiles lleguen a obedecer a Dios. Lo ha hecho con palabras y obras, mediante poderosas señales y milagros, por el poder del Espíritu de Dios. Así que, habiendo comenzado en Jerusalén, he completado la proclamación del evangelio de Cristo por todas partes"

En este pasaje Pablo parece entender que la efectividad de su ministerio no era simplemente el resultado de lo que predicaba, sino también de lo que hacía "mediante poderosas señales y milagros, por el poder del Espíritu".

Quiero expresar mi agradecimiento al Dr. Gordon Fee, quien fue la persona que me puso al tanto de que la doctrina más importante del apóstol Pablo es la experiencia del Espíritu como fundamento de la certeza de la salvación. El fundamento de la seguridad de la salvación es la realidad de la presencia del poder de Dios en nuestra vida. La experiencia de la presencia del poder de Dios era incluso más importante para Pablo que la justificación por la gracia a través de la fe. Ser justificados por la gracia a través de la fe era la segunda doctrina más importante para Pablo. El Dr. Fee escribe:

"De hecho, la experiencia del Espíritu escatológico prometido, y no la justificación por la fe, es lo que conforma el enfoque de los razonamientos de Pablo en la epístola (a los Gálatas), la cual está dedicada casi enteramente a este asunto. La muerte de Cristo dio punto final a la maldición de la ley; es decir, vivir 'por las obras que demanda la ley' y no 'por la fe' (Gl. 3:10–14). El don del Espíritu hace que la función de la ley como identificadora del pueblo de Dios sea obsoleta. 'Pero si los guía el Espíritu —dice Pablo—, no están bajo la ley" (Gl. 5:18). Para aquellos en los que el fruto del Espíritu se está desarrollando 'no hay ley' (v. 23). Para Pablo, el Espíritu señala entonces el fin de la ley. ¿Por qué? Porque el Espíritu es suficiente para hacer lo que la ley no pudo hacer por nosotros en cuanto a la justificación: 'A fin de que las justas demandas de la ley se cumplieran en nosotros' (Ro. 8:4)".[1]

Con este énfasis en el recibimiento de la presencia del poder de Dios a través de su Espíritu, y el entendimiento de que la presencia y el accionar del Espíritu Santo era la verdadera fuente de su propio desarrollo como ministro del evangelio, no debe sorprendernos que Pablo deseara acercarse a los romanos para impartirles algunos dones espirituales. Tampoco debería sorprendernos ver a Pablo recordarle a Timoteo, su amado hijo en el ministerio, que avive la llama del don de Dios que recibió cuando le impuso las manos (ver 2 Tim. 1:6).

Para Pablo, Timoteo, Pedro, Juan, y por deducción lógica para toda la iglesia cristiana primitiva, la impartición de la unción a través de la imposición de manos era un catalizador importante para un ministerio efectivo caracterizado por la presencia manifiesta de Dios, y para operar completamente en el don del Espíritu Santo. ¡Fue esta primera iglesia, pequeña, pobre y menospreciada, la que cambió el mundo!

Dios ha prometido que habrá otro derramamiento radical y definitivo entre las naciones antes de que su Hijo regrese. Nuevamente, Él lo traerá a través de su pueblo. Jesús dijo: "Como el Padre me envió a mí, así yo los envío a ustedes" (Jn. 20:21). Si hemos de asumir este llamado supremo, no podemos olvidar o descuidar los recursos que el cielo ha puesto a disposición para aquellos que tienen la suficiente humildad y el deseo de recibirlo. Dios no está buscando a los encumbrados, los educados ni a los más experimentados en el "ministerio". Él simplemente está buscando a aquellos que están dispuestos a ceder sus corazones y sus vidas para que Él cumpla su voluntad a través de ellos. Él está buscando a aquellos que estén dispuestos a recibir más, ¡porque hay algo más!

Habiendo considerado la realidad de la impartición desde una perspectiva bíblica, considerémosla ahora desde una perspectiva personal. En el siguiente capítulo quiero compartir con usted la manera en que Dios me hizo entender la impartición. Le contaré la experiencia de cómo Dios me tocó poderosamente y cambió mi vida. Mi historia es mucho más extensa que lo que cuento aquí, pero dado que el tema del libro es la impartición, me concentraré en los detalles relacionados con mi crecimiento en ese aspecto. Creo importante mencionar que yo no crecí en una iglesia o denominación carismática o pentecostal. Fue la gracia de Dios lo que hizo posible que llegara a entender la impartición. Yo no llegué al conocimiento de estas cosas porque las andaba buscando, sino porque Dios así lo quiso. Pero antes de entrar de lleno en mi historia, permítame orar por usted.

Señor, crea ahora en el lector o la lectora de estas páginas una sed de ese "algo más"; más de la impartición de tu Espíritu y de tus dones. Crea fe en su corazón para recibir dones mediante la impartición, y para que reciba un influjo nuevo y más poderoso de tu Espíritu a través de la impartición. Te pido esto en la autoridad y el poder del nombre de Jesús, amén.

2

Un hombre es preparado

Mi testimonio de impartición

En enero de 1984, dos diáconos de mi iglesia asistieron conmigo a una conferencia bíblica dictada por James Robinson en Dallas, Texas. Hasta ese momento yo solo había tenido en mi vida un sueño que atribuía a Dios, pero el sueño que tuve la noche antes de asistir a la conferencia llamó poderosamente mi atención. Jamás lo olvidaré. Durante el sueño escuché que Dios me decía (y a mi congregación) que Él deseaba tener una relación más estrecha con nosotros y llevarnos a un nivel más elevado con su Espíritu. Cada fase implicaría una mayor responsabilidad y más cosas que tendría que rendir de mi vida, las cuales Él me iría revelando durante cada transición.

El segundo día de las conferencias John Wimber dio un seminario para unos quinientos pastores. Yo estaba asombrado por todos los conocimientos que impartió, y sus palabras me impresionaron. Yo estaba en la primera fila viendo cómo hacía pasar a muchos a la plataforma. Como bautista, sabía reconocer cuando alguien hablaba con convicción, pero jamás había visto el poder de Dios actuar de manera tangible y visible sobre las personas. Cuando John oró por una mujer, dijo: "Mírenla… miren lo que el Espíritu está haciendo".

Mis diáconos y yo pudimos ver cómo el dobladillo de su vestido comenzó a temblar. Recuerdo haberles dicho: "¿Están viendo eso? ¡Su vestido está temblando!". Ahora sé que emocionarse porque el dobladillo del vestido de una dama esté temblando puede sonar gracioso, pero en ese momento eso era para mí una experiencia nueva. La mujer comenzó a sacudirse más, y luego tocó a otra persona, que también comenzó a temblar. La gente estaba siendo sanada. Fue una experiencia maravillosa.

Ese mismo día Dios usó el mensaje de David Yonggi Cho en la conferencia para hacerme sentir la necesidad de tener una relación más íntima con Él y buscar la unción del Espíritu Santo. Durante toda la tarde no quise estar con nadie mientras el Señor luchaba con mi corazón. Esa noche, sin embargo, regresé a la reunión y David Wilkerson fue el orador. Los pastores pasaron al frente con lágrimas en los ojos en señal de arrepentimiento delante de Dios. Como las cámaras de televisión de Trinity Broadcasting Network estaban captando todo, yo no quise arrodillarme ni bajar mi rostro a tierra. Todo el mundo estaba llorando y con el corazón contrito, pero yo lo que estaba pensando era *esto lo están transmitiendo en Marion, Illinois, y me van a ver*. Pensé que esa actitud solo mostraría orgullo de mi parte, así que finalmente me arrodillé y oré un poco. Cuando me levanté y comencé a entonar un canto, sentí como que el Espíritu de Dios me dijo: "¡Levanta tus manos!".

El problema era que yo era bautista, ¡y los bautistas no hacemos eso! Igual las levanté, pero apenas lo hice, el Espíritu de Dios me sacudió.

Inmediatamente me di cuenta de que estaba en problemas, y me preparé para liberar mis sentimientos. Miré a mi alrededor y caminé hacia una inmensa pantalla de proyección pensando que podría esconderme detrás de ella. Apenas llegué allí, el Espíritu me volvió a sacudir. Me fui contra la pared, y traté de recostarme de ella para mantenerme en pie, pero terminé tirado en el piso. El borde de la pantalla estaba a unos tres pies (casi un metro) del piso, así que quedé visible ante todo el mundo. Permanecí temblando y llorando durante media hora. Luego me levanté y traté de irme a sentar, pero antes de que pudiera dar dos pasos, el Espíritu me sacudió de nuevo y caí deslizándome por la pared para nuevamente comenzar a llorar y temblar.

Uno de mis diáconos me dijo más tarde que había estado preguntándose dónde estaba yo, hasta que finalmente uno de ellos señaló hacia donde yo estaba tirado detrás de la pantalla, frente a unas ocho mil personas.

La siguiente noche me acerqué a John Wimber. La verdad, no me sentía digno de pedir oración para mí, así que le pedí oración por mis diáconos. Cuando di la vuelta para buscarlos, él me tomó de la mano, me miró directamente a los ojos, y me dijo: "No. Yo quiero orar por usted".

Como sabía que él tenía palabra de conocimiento, me sentí expuesto. Esperaba que dijera lo peor de mí. Era la primera vez que lo veía en mi vida, y por lo tanto él no sabía nada de mí. Sin embargo, me dijo: "Quiero orar por usted, pero primero quiero orar por su corazón porque últimamente usted ha sido lastimado en su iglesia".

Y tenía razón. Hacía un par de meses que la iglesia me había infligido un terrible daño, así que en seguida supe que esto era de Dios. John me dijo seguidamente varias cosas, entre ellas: "Usted es un príncipe en el Reino de Dios".

Yo la verdad no sabía qué hacer con esas palabras, por que me sentía cualquier cosa menos un príncipe en el Reino de Dios.

Luego añadió: "En su vida hay un llamado apostólico". No fue sino hasta diez años después que entendí que cuando John usó la frase *"llamado apostólico"* se estaba refiriendo a que yo terminaría teniendo un ministerio que requeriría que viajara. John no creía, sin embargo, que el hecho de viajar lo convirtiera a uno en un apóstol, ni yo tampoco. Esto no parecía caer dentro del significado de *apostólico*. Apostólico significa que Dios le ha encomendado a uno una misión, que uno ha sido llamado a ir dondequiera que Él lo envíe, y que uno será usado frecuentemente para activar o impartir dones en ese lugar. Pero ni John ni yo creemos que solo el ministerio apostólico puede ser usado para la impartición. Ananías, en Hechos 9, no era un apóstol, sino un simple miembro de la iglesia. Sin embargo, Dios lo envió a imponerle las manos a Pablo.

John también compartió algunas otras buenas profecías conmigo, y salí de allí animado. También me fui con una nueva impartición de palabra de conocimiento en mi vida, así como con una enorme sed de Dios que no había sentido en años.

Un par de meses después, en marzo de 1984, realizamos una conferencia de sanación en nuestra iglesia. El equipo de La Viña (movimiento *Vineyard* o La Viña) de John Wimber vino con el predicador Blaine Cook. Tanto mi esposa DeAnne como yo tuvimos que luchar internamente con nuestro orgullo e incredulidad ante las manifestaciones que ocurrieron a nuestro alrededor durante esta conferencia. Incluso nos asustó un poco ver a los asistentes recibiendo imparticiones. No estábamos acostumbrados a ver el poder de Dios actuar de esa manera. Yo no sabía realmente qué era lo que estaba ocurriendo, y entendía muy poco sobre los dones espirituales. Aun así, confié en Blaine y le dije que continuara informándome de cualquier cosa que él pensara que proviniera de Dios.

Durante las primeras noches, Blaine oró tanto por DeAnne como por mí. El poder de Dios descendió sobre ambos, y juntos recibimos una impartición de Dios que nos quitó el temor. ¿Qué ocurrió durante esa experiencia de impartición? Fue tan poderosa que dejé de considerar lo que me había ocurrido en Dallas como una impartición. Fue como si hubiese agarrado un cable de alto voltaje. Comencé a sacudirme, y sentí electricidad fluyendo por todo mi cuerpo. Fue tan fuerte, que al día siguiente todas mis articulaciones me dolían. La unción divina tuvo un efecto similar sobre mi cuerpo, como si la electricidad fuera tan fuerte que no pudiera controlar la sacudida. Esto activó el don de palabra de conocimiento y de sanación en nuestras vidas en una medida mayor. Otros miembros de la iglesia también recibieron imparticiones de diversos dones, y presenciamos muchas curaciones.

Uno de los que fueron tocados poderosamente fue el laico John Gordon. Su experiencia fue tan poderosa, que hasta el día de hoy la cuento cada vez que hablo sobre la impartición (y es posible que algo similar le ocurra a usted a medida que lea y descubra que *¡Hay algo más!*). En el capítulo 8 le contaré un poco más sobre John.

Durante la década de los ochenta yo experimentaría otra poderosa impartición más. Después de cuarenta y tres años de ministerio, solo he tenido estas tres valiosas y transformadoras experiencias. Siempre le pido a Dios que me dé otra. La segunda ocurrió en 1989. Yo había abandonado la Iglesia Bautista, y me había unido al movimiento La Viña en 1984 para formar la primera iglesia de La Viña de la Ciudad de San Luis. Pasaron cinco años, y yo estaba confundido sobre el propósito por el cual estaba allí, y cuál era mi llamado. John Wimber me había dicho que había un llamado apostólico en mi vida. El profeta Bob Jones me había dicho que yo tenía el don de la enseñanza. Yo era pastor y mi pasión era el evangelismo. Entonces, le pedí al Señor que me enviara a alguien que me profetizara y me aclarara cuál era mi llamado, de manera que yo pudiera enfocarme en él. Y Dios respondió mi oración.

¿Qué ocurrió? Un día me fue comunicado que yo viajaría por diferentes naciones y que mi hijo viajaría conmigo. Sin embargo, él no se daría a conocer gracias a mí, sino todo lo contrario; yo me apoyaría en él, pues su unción opacaría la mía. Esta profecía me sorprendió, especialmente porque yo jamás había salido de Estados Unidos. Mi respuesta fue sentarme y quedarme en silencio delante del obispo regional que me dio la palabra profética. Unos minutos más tarde le agradecí por haber compartido conmigo esas palabras tan poderosas. Luego le pedí que orara por mí. Cuando lo hizo, otro obispo regional de La Viña sopló en mi cara. Inmediatamente caí al suelo y comencé a sentir un enorme calor que me hizo sudar a chorros. Mis manos estaban electrificadas, y sentía corriente alrededor de mi boca. Comencé a llorar y a gritar por la sensación de poder. Estuve un rato en posición fetal, y luego sentí como si alguien agarraba mis manos y otra persona mis pies y me estiraban. Dejé de sentir mis manos, y mi rostro se llenó de electricidad, especialmente alrededor de mi boca. Recuerdo haber temido morir si la energía aumentaba. Era tanto el poder que sentía en mis manos, que me dolían. Esto duró unos cuarenta y cinco minutos, pero durante una hora más no pude estirar mis brazos más abajo de mi cintura a causa del dolor.

La unción que se recibe durante una impartición debe ser bien administrada, o el poder puede comenzar a disminuir. Incluso una buena mayordomía no garantiza que la sesión de avivamiento dure para siempre, porque no se trata meramente de un asunto individual, sino de una responsabilidad compartida entre los miembros de la iglesia.

Hacia nuevos lugares

Ocurrieron muchas cosas durante los siguientes dieciochos meses después de la impartición inicial en la Iglesia Bautista Spillertown, al sur de Illinois. Dios nos enseñó cómo movernos en un nuevo nivel del Espíritu. La lluvia del Espíritu Santo que experimentamos en la conferencia de Spillertown durante esos primeros meses fue como un diluvio. La segunda experiencia de impartición también fue profunda, con consecuencias transformadoras, especialmente en cuanto a la liberación de pecados acariciados.

Luego el diluvio se convirtió en una lluvia ocasional y, después de nueve años del derramamiento inicial en la iglesia bautista, me encontré en mi iglesia de La Viña en medio de un estancamiento espiritual. Imploré desesperadamente a Dios y Él me respondió. En su sabiduría, me envió a una conferencia de Rodney Howard-Browne en la Iglesia Bíblica Rhema, en Tulsa, Oklahoma. Yo no estaba muy de acuerdo con algunas de las ideas que se expresaban en esa iglesia particular, pero sentía que mi asistencia era un requerimiento de Dios en ese momento, así que fui.

Durante los primeros días de la conferencia me sentí incómodo con las manifestaciones del Espíritu Santo que vi. Sabía, sin embargo, que no podía regresar a San Luis hasta que Dios no me hubiera tocado. El último día, cuando se hizo el llamado a pasar al frente para recibir el Espíritu, no pude llegar hasta Rodney porque había cuatro mil quinientas personas aglomeradas al frente. Desesperado, imploré nuevamente a Dios, pidiéndole que me tocara aunque eso significara sacudirme, arrastrarme y rodar por el suelo donde estaba. Me metí en uno de los pasillos a hacer fila para que Rodney impusiera sus manos sobre mí. ¡Cuando finalmente llegué hasta él y lo hizo, me vi repentinamente en el suelo sin poder levantarme!

Esto ocurrió cinco veces cada vez que Rodney impuso sus manos sobre mí, y fue durante esos momentos que Dios cambió mi corazón. Me arrepentí de mi mala disposición y entendí lo mal que se siente Dios cuando tomamos la actitud de atacar a nuestros hermanos cristianos en asuntos que no deben ser considerados heréticos. También recibí una poderosa impartición que cambió mi vida.[1]

Cuando regresé a mi iglesia en San Luis, explotó el cambio. Cada domingo después de mi regreso tuvimos un derramamiento poderoso del Espíritu Santo; todo en una iglesia que nunca había experimentado nada igual en sus ocho años de existencia. El poder del Espíritu fue derramado trayendo consigo manifestaciones poderosas y profundas transformaciones en las personas. Durante esos días asistí a la reunión regional de pastores de La Viña, y le pedí al Señor que tocara a aquellos pastores que estaban tan desesperados como yo. ¡La segunda noche de las reuniones Dios actuó soberanamente y todos fueron trastocados! Iban de un lugar a otro danzando, dándose palmadas en la espalda, rodando por el piso, y actuando como si estuvieran borrachos. Happy Leman, mi obispo regional, reía histéricamente. ¡Cuando vi a Happy, que es un tipo controlado y poco expresivo, riendo así, entendí que todo provenía de Dios!

Mi coordinador pastoral de área, que ya estaba pleno en el Espíritu, me pidió que orara por él. Yo accedí, a pesar de que ya se había orado dos veces por él. Cuando lo toqué, fue como si el Espíritu de Dios lo hubiera golpeado y lo hubiera lanzado hacia unas sillas cercanas. Él dice que fue como si un camión lo hubiera golpeado. Yo no sabía que él tenía un delicado problema de la columna que hacía que se despertara todas las mañanas literalmente llorando por el dolor. Tampoco sabía que le habían dicho que no había esperanza de corregirle el problema quirúrgicamente. Él cuenta que cuando Dios descendió sobre él fue como si una mano caliente hubiera penetrado su estómago y hubiera sacado algo de él, ¡y se sanó! La unción del Señor estaba sobre él, y durante meses no podía hablar sin tartamudear. Cada vez que el Espíritu descendía sobre él, tartamudeaba. Dios había hecho algo maravilloso por él.

La Bendición de Toronto

John Arnott, un pastor de Toronto, se enteró de estas reuniones y me invitó a que fuera a predicar a su iglesia Airport Vineyard

Christian Fellowship en Toronto. Acepté la invitación a hablar durante cuatro noches, pero estaba nervioso por las expectativas que tanto él como su iglesia pudieran tener de mí. En el fondo, aún me costaba tener fe en que Dios haría por mí lo mismo que había hecho por otros. Sin embargo, antes de partir hacia Toronto, Dios me dio una poderosa palabra de profecía, a pesar de que para ese momento yo aún no hacía mucho énfasis en el don profético. Recibí una llamada telefónica de Richard Holcomb, a quien Dios había tenido orando por mí durante más de una década. Richard también me enviaba fondos ocasionalmente sin yo haberle siquiera nombrado necesidad financiera alguna, ¡y en cada ocasión la cantidad era exactamente la que necesitaba! Desde la ocasión de Toronto, Richard ha formado parte de la directiva de Global Awakening, pero en ese momento él no sabía absolutamente nada de lo que estaba ocurriendo en mi vida o del viaje a Toronto. Esto fue lo que me dijo:

"Randy, el Señor te dice: 'Pruébame ahora. Pruébame ahora. Pruébame ahora. No tengas miedo. ¡Yo estaré contigo! Quiero que tus ojos sean abiertos para que veas los recursos celestiales que tengo para ti, así como Eliseo oró para que los ojos de Giezi fueran abiertos. No te sientas nervioso, porque cuando te pones nervioso no puedes oírme'".

Esta palabra profética fue un gran impulso en la transformación mi vida. Me dio la fe necesaria para poner en acción la unción que recibí cuando John Wimber oró por mí diez años atrás, y cuando Rodney oró por mí. Fui para Toronto, y lo que ocurrió durante cuarenta y dos de los siguientes sesenta días forma ahora parte de lo que se conoce como "la bendición de Toronto" en la historia de la iglesia.

Quiero decir que no fue Randy Clark quien me guió hacia este avivamiento. Fue Dios quien lo hizo. En su deseo de tomar un fracaso y convertirlo en una fortaleza, Dios orquestó diversos acontecimientos que tocaron mi vida y me llevaron a nuevos lugares. Yo había sido pastor en San Luis durante ocho años, y mi iglesia solo tenía un promedio de trescientos asistentes. Algunos veían esto como un fracaso, incluyéndome a mí. Yo no era un pastor exitoso, sino un hombre vencido. También tenía la mancha en mi vida de un divorcio a la edad de veintidós años. A pesar de todo, Dios decidió usar a un hombre común y corriente como yo. Dios también escogió un pesebre, un lugar humilde, una madre pobre, y un padrastro para su único Hijo.

Dios me dio la fe necesaria para responder a su invitación divina, y para que por supuesto cooperara con Él. Estoy convencido de que no puede ocurrir nada poderoso si la iniciativa de Dios no está presente, pero también creo que sus invitaciones están condicionadas a la respuesta humana a sus iniciativas divinas. Yo no quiero minimizar la importancia de la respuesta humana. Si yo no hubiera estado dispuesto a responder con fe a lo que Dios estaba haciendo, Él habría buscado otro recipiente en vez de mí. Ambas cosas, la gracia e iniciativa divina y soberana; y la respuesta y cooperación humanas son importantes.

Esta es la historia de cómo Dios me preparó para una obra que iba a resultar en algo mucho más grande de lo que yo esperaba. Si usted quiere saber más sobre cómo Dios me preparó para el ministerio, y sobre mi participación en la "Bendición de Toronto", puede leer mi libro *Lighting Fires* (Global Awakening, 2011). Basta con decir que Dios puso nuevos valores en mí, me dio poder y me libró de la duda y el temor. También puso en mi camino a personas que me ayudarían. Estoy extremadamente agradecido con todos los hombres de Dios que creyeron que debían compartir conmigo su unción a través de la impartición. Estoy convencido de que todo lo que Dios me ha confiado debo transferirlo a otros hasta que toda la iglesia sea edificada, equipada, y capacitada con la plenitud del Espíritu, para la gloria de Dios.

3

El recibimiento de la impartición

Yo he pensado mucho acerca del estado en que debe encontrarse una persona o un grupo para recibir la impartición del Espíritu Santo, si es que debe estar en algún estado. A mi juicio, tal vez la primera condición es reconocer nuestra deficiencia en la vida cristiana. Debemos reconocer que nuestra vida está caracterizada por un sinnúmero de derrotas, además de indiferencia, falta de poder, y falta de fe. Es necesario que lleguemos a un punto en el que enfrentemos nuestras debilidades y nuestra incapacidad de afectar positivamente la obra del Reino.

Nosotros podemos saber muy bien cómo hacer la "obra de la iglesia", organizar reuniones, predicar, enseñar, administrar, aconsejar, y aprender un montón de cosas más. Pero eso no nos dará la capacidad de curar a los enfermos, expulsar demonios, levantar a los muertos y predicar con una plenitud del Espíritu que quebrante los corazones y los lleve un nivel de convicción tal que muchos sean atraídos para Jesús. Para estas últimas cosas se necesitan la unción, la gracia, y los dones del Espíritu Santo.

El primer requisito para recibir impartición es entonces reconocer nuestra necesidad, nuestra pobreza espiritual. Jesús dijo: "Dichosos los pobres en espíritu, porque el reino de los cielos les pertenece" (Mt. 5:3).

En segundo lugar, creo que debemos tener el deseo de que nuestro estado espiritual cambie. Con esto quiero decir que debemos permitir que el Espíritu Santo haga nacer un verdadero deseo en nosotros de ser cristianos victoriosos. Algunas personas ni siquiera pueden concebir la posibilidad de vivir de manera victoriosa en lugar de su derrotismo. Esto ocurre porque ellos, e incluso algunos comentadores bíblicos, ven el texto de Romanos 7:14–26 como una indicación de que la experiencia de Pablo como cristiano era derrotista:

"Sabemos, en efecto, que la ley es espiritual. Pero yo soy meramente humano, y estoy vendido como esclavo al pecado. No entiendo lo que me pasa, pues no hago lo que quiero, sino lo que aborrezco. [...] Así que descubro esta ley: que cuando quiero hacer el bien, me acompaña el mal. Porque en lo íntimo de mi ser me deleito en la ley de Dios; pero me doy cuenta de que en los miembros de mi cuerpo hay otra ley, que es la ley del pecado. Esta ley lucha contra la ley de mi mente, y me tiene cautivo. ¡Soy un pobre miserable! ¿Quién me librará de este cuerpo mortal?" (Ro. 7:14–15, 21–24).

Este punto de vista, particularmente calvinista, es contrario a la esperanza de vivir de manera victoriosa. De corazón le recomiendo que rechace esta idea. Más bien, le recomiendo que lea el capítulo del Dr. Gordon Fee en mi libro *Power, Holiness and Evangelism* (Destiny Image, 1999), que demuestra lo contrario, que Pablo nos enseñó que podíamos vivir una vida victoriosa por el Poder del Espíritu en vez de una vida derrotista. El Dr.

Fee afirma con convicción que una interpretación derrotista de Romanos 7 contradice completamente todo lo que Pablo escribió sobre vivir en el Espíritu. El mismo Espíritu Santo que puede desarrollar en nosotros el deseo de llevar un estilo de vida victorioso puede darnos la fe necesaria para hacer realidad esa experiencia y mantenernos en ella. Permita que el Espíritu Santo le muestre la verdad de las Escrituras en cuanto a este asunto.

Un tercer requisito para recibir impartición es tener el deseo de que nuestras vidas glorifiquen a Dios y de que seamos usados en su servicio para su honra y su gloria. Nadie puede pedir elevación espiritual para sentirse bien, o para vivir una experiencia que eleve su ego o su orgullo espiritual. Por el contrario, pedimos poder y dones para tener la capacidad de llevar a cabo la tarea que tenemos por delante, que es la de atar a nuestro enemigo el diablo y saquear el reino de las tinieblas. Como Mateo 12:29 señala, necesitamos recibir poder para estar preparados: "¿Cómo puede entrar alguien en la casa de un hombre fuerte y arrebatarle sus bienes, a menos que primero lo ate? Solo entonces podrá robar su casa".

La tarea que tenemos delante de nosotros es la de derribar las puertas del infierno. Jesús le dijo a Pedro: "Mas yo también te digo, que tú eres Pedro, y sobre esta piedra edificaré mi iglesia; y las puertas del infierno no prevalecerán contra ella" (Mt. 16:18, RVA). Dios es glorificado, honrado y complacido con nuestra victoria. Este poder del Espíritu Santo permite que nuestra fe se exprese a través del amor. El Dr. Billy Graham escribió:

"Me parece una pérdida de tiempo que los cristianos busquemos poderes que no tendremos la intención de usar: poder en la oración, si no vamos a orar; poder para testificar, si no vamos a testificar; poder de santidad, si no vamos a intentar vivir una vida santa; poder de gracia para sufrir, si no somos capaces de cargar nuestra propia cruz; poder para el servicio, si no vamos a servir. Alguien dijo: 'Dios solo le da la gracia de morir a los moribundos'".[1]

Unidad en la diversidad

Yo estoy muy emocionado con lo que veo que está ocurriendo en este momento en la iglesia. Desde que viajé a Toronto y comencé esas reuniones hace unos años, y que desde entonces se han venido realizando seis noches de cada semana durante doce años y medio, he tenido el privilegio por la gracia de Dios de conocer a importantes líderes tanto evangélicos como pentecostales. He notado que ahora hay una mentalidad mucho más amplia ante la diversidad de experiencias espirituales que la que había hace veinte años. He encontrado pentecostales dispuestos a trabajar conmigo a pesar de saber que yo no creo que uno necesite hablar en lenguas para ser bautizado en el Espíritu (yo he orado en lenguas desde 1971, pero esto no comenzó como resultado de mi bautismo en el Espíritu Santo). Al mismo tiempo, estoy encontrando evangélicos que se muestran dispuestos a trabajar conmigo a pesar de saber que yo creo que los dones del Espíritu y el bautismo en el Espíritu pueden darse simultáneamente al momento de la conversión, aunque en realidad estos casi siempre ocurren después de esta. Cada vez conozco más hombres con fuertes raíces evangélicas que admiten que fueron bautizados en el Espíritu Santo después de su conversión, y más pentecostales que admiten creer que una persona puede ser bautizada en el Espíritu Santo *antes, durante* o *después* de haber manifestado el don de lenguas.

En resumen, parece ser que las murallas tradicionales están comenzando a caer. Los antiguos "requisitos" para tener experiencias espirituales como la impartición ya no son tomados de la manera estricta e inflexible del pasado. ¿Por qué? Porque en los corazones de muchos ha surgido la necesidad urgente de obtener lo que la Biblia define como una experiencia claramente emocional, en vez de conformase con un concepto del bautismo del Espíritu Santo o de las imparticiones menos emocional pero supuestamente más elevado y teológicamente correcto.

Cuando estudiaba en el Seminario Teológico Bautista del Sur, en Louisville, Kentucky, uno de mis profesores fue el Dr. Lewis Drummond. Él nos habló del gran Avivamiento de Shandong que ocurrió en la Misión del Norte de China de la Convención de los Bautistas del Sur en 1932. Yo me gradué en 1977 y no volví a escuchar sobre el Avivamiento de Shandong durante los siguientes diecinueve años, cuando comencé a tener la impresión en mi mente de que tenía que buscar información escrita sobre este suceso. Cuando finalmente leí *The Shantung Revival*, de Mary Crawford,[2] quedé cautivado por lo que aprendí. Su recuento de la historia dejaba claro que el avivamiento tuvo su inicio entre un liderazgo que estaba cansado y estancado. Pero ellos admitieron su necesidad de algo más, y descubrieron que algunos de los líderes del grupo ni siquiera habían nacido verdaderamente de nuevo. De hecho, hay quienes se refieren al acontecimiento de Shandong como el "avivamiento del nuevo nacimiento", porque a través de este se alcanzó un conocimiento más profundo de lo que es la verdadera conversión, y porque algunos de los misioneros descubrieron que aún no habían nacido de nuevo.

El centro del avivamiento fue un estudio bíblico relacionado con el Espíritu Santo y el bautismo en el Espíritu Santo, además del significado de la verdadera conversión. Manifestaciones como temblar, caer al suelo, llorar y reír fueron vistas en Shandong. Muchos de los que recibieron la impartición del Espíritu Santo tomaron su nueva unción y la pudieron en práctica en otras partes de la provincia. Lo mismo parece ocurrir en todos los lugares donde la gente busca la plenitud del Espíritu Santo. Yo he presenciado esto en diversos avivamientos protestantes alrededor del mundo, en historias católicas de avivamiento, y en la Biblia.

Dos tipos de impartición

Según he podido deducir de mi estudio de la historia de la Iglesia, parece haber dos maneras de recibir impartición. La primera es tratando de buscar la santidad como una manera de someter el pecado. Según esta perspectiva, cuando uno alcanza la "santificación" se convierte en elegible para recibir una impartición poderosa. El origen de esta práctica se remonta al ascetismo de los padres del desierto, los monjes que anulaban sus deseos carnales al punto de negarse algunas necesidades básicas. Este dominio sobre la carne o sujeción de la carne al Espíritu podemos encontrarlo en los escritos del Movimiento de "Santidad", desde John Wesley hasta hoy, pero especialmente en los siglos XVIII y XIX, y hasta entrado el siglo XX. Este fue el modelo para los pentecostales de las "tres etapas" que salieron del Movimiento de Santidad, como la Iglesia de Dios de Cleveland, y la Iglesia Pentecostal de Santidad Internacional, entre otras. Los pentecostales de las tres etapas adoptaron la creencia de que la primera etapa es la conversión; la segunda etapa la santificación como "una segunda obra definitiva de la gracia",[3] la cual es inmediata; y la tercera el bautismo en el Espíritu Santo. Estos creyentes en las tres etapas fueron los que abandonaron la denominación metodista para formar nuevas denominaciones del Movimiento de Santidad por este asunto de la "segunda obra definitiva de la gracia" separada de la salvación, que le concede la victoria a la persona sobre los pecados innatos.

Los pentecostales de las dos etapas, por otra parte, adoptaron la creencia de que la primera etapa es la conversión; la santificación. un proceso; y la segunda etapa el bautismo en el Espíritu Santo. Estos fueron los pentecostales más reformados o de tipo bautista. Creían que la santificación ya era nuestra en la obra terminada de Jesús.[4] De hecho, unas veinticinco nuevas denominaciones nacieron durante los primeros catorce años del movimiento pentecostal.

Cerca de la mitad de la membresía creía en las tres etapas, la otra mitad en las dos etapas, y alrededor de un cuarto de todos los pentecostales creían "solo en Jesús" y no aceptaban la doctrina de la Trinidad.[5]

¿Qué importancia tiene la diferencia entre el pentecostalismo de dos etapas y el de tres etapas en relación con nuestra discusión sobre la impartición? La tiene, porque la impartición es un tema fundamental del mensaje pentecostal, y la impartición más importante es la plenitud o bautismo en el Espíritu Santo. También porque la manera en que la gente cree en estas etapas afecta su nivel de expectativa. Los puntos de vista bíblicos y teológicos son factores muy influyentes en la fe de las personas. Si usted está esperando recibir ciertos dones únicamente después de la experiencia de la santificación, lo más seguro es que no los reciba. Pero si usted cree que es posible experimentar los dones después de la conversión o al momento de la conversión, entonces tiene la fe suficiente para recibir el don o la impartición.

Lo que uno espera recibir define la experiencia. Si uno espera obtener la victoria sobre los hábitos pecaminosos (santificación), entonces tiene fe en que podrá lograrlo. Si una persona tiene fe en que recibirá poder y comienza a actuar en base a ese don determinado sin haber tenido primeramente una experiencia de santificación, experimentará el Espíritu en base a lo que ya estaba experimentando. Actualmente hay millones adentro de la iglesia que sostienen los puntos de vista de las dos y de las tres etapas de la plenitud o el bautismo en el Espíritu Santo, o impartición. Para millones de personas provenientes del Movimiento de Santidad o del pentecostalismo este es un tema básico; tanto, que ambos grupos se dividieron por este asunto durante sus primeros años, escogiendo una de dos opciones en vez de escoger ambas. "La segunda obra definitiva de gracia" era una frase usada por el Movimiento de la Santidad de Wesley para referirse a la santificación, pero el término "bautismo en el Espíritu Santo" fue preferido en lugar de santificación o "segunda palabra de gracia" durante los últimos veinte años de la vida de Wesley. Cuando los pentecostales dijeron que la evidencia del "bautismo en el Espíritu" era hablar en lenguas con el propósito de testificar poderosamente, fue como que invalidaron la posición del Movimiento de Santidad de que el bautismo en el Espíritu Santo tiene el propósito de transformar moralmente a la persona para que esta obtenga la victoria sobre los pecados. Los primeros pentecostales, como en el Movimiento de Santidad, veían el bautismo como otra experiencia disponible para quienes ya tenían la "santificación" o segunda obra de gracia, y lo consideraban la tercera obra de la gracia. Al estos campos no valorar los puntos de vista de cada uno, se cerraron a las verdades o argumentos importantes que cada uno tenía. Nuestra elección no debe estar basada en una de dos cosas, sino en ambas cosas.

La segunda manera de recibir impartición es por medio de la fe en la "obra terminada" de Jesús. Significa que Él ya me hizo santo, y que Él es mi santificación. Lo único que tengo que hacer es abrazar esto como una verdad en mi vida. Entonces, recibo por fe la santificación, el bautismo en el Espíritu, y la impartición de dones. Desaparece el esfuerzo y en su lugar aparece el descanso en la fe. Este es el enfoque calvinista dentro del Movimiento de Santidad. Aunque se recibe por fe, se experimenta de manera tangible. Y su experimentación es la seguridad de que la fe genuina ha prevalecido.

Phoebe Palmer ejemplificó este punto de vista. Fue pionera en la postura de "confiesa lo que la Palabra dice que es tuyo, y luego pide esa experiencia por fe en la Palabra de Dios". Ella era metodista, y miles experimentaron la santificación a través de sus enseñanzas, que llegaron a ser conocidas como "el camino corto".[6] El Movimiento de Keswick[7] también adoptó este punto de vista de la santificación como una obra terminada, pero al mismo tiempo hacía énfasis en la necesidad de confesar todo pecado no perdonado antes de recibir el bautismo en el Espíritu Santo.

Esta segunda manera de recibir impartición por medio de la fe es la que más ha permitido que muchos individuos se inicien o comiencen a recibir su experiencia de impartición. Fíjese, sin embargo, que hay cierta dosis de verdad en el primer método del que hablamos, que es el de buscar la santidad a través del dominio del pecado. Algunos de los hombres y mujeres que crucificaron su carne y buscaron a Dios por pureza y poder alcanzaron un elevado nivel de unción en la sanidad. Pero en mi opinión ellos no obtuvieron el poder debido a su ascetismo, sino debido a su sed de Dios y su poder, y su intimidad con Él.

Bien sea que nuestra tradición teológica esté más inclinada a la visión metodista o del Movimiento de Santidad, o a la reformada o bautista, todos necesitamos de esa experiencia y recibir la plenitud o bautismo del Espíritu Santo. A mí me preocupa más que tengamos la experiencia que la explicación teológica correcta del asunto.

La visión evangélica del "problema"

Al final de este capítulo quiero ofrecerle algunos lineamientos prácticos para que usted pueda recibir impartición, que espero sean de ayuda. Hablaré de algunas cosas específicas que usted puede hacer (o no hacer) mientras ora por ella, que facilitarán que usted la reciba. Pero antes, y con la esperanza de ayudar al mayor número de personas en este sentido, quiero echar un vistazo al "problema" de cómo recibir la plenitud o bautismo en el Espíritu Santo desde otra perspectiva adicional. Para quienes estamos en las ramas pentecostales o del Movimiento de

Santidad esto no representa un problema, pero sí podría serlo para aquellos que están en el lado evangélico (especialmente los evangélicos cesacionistas). Es por ello que quiero tomar algunas consideraciones de dos famosos evangélicos: el Dr. Billy Graham, y el Dr. Harold Lindsell.

Estoy seguro de que usted sabe quién es Billy Graham, pero no todo el mundo conoce al Dr. Harold Lindsell. El Dr. Lindsell fue editor emérito de la revista *Christianity Today* cuando escribió el libro *The Holy Spirit in the Latter Days* [El Espíritu Santo en los últimos días], del cual citaré. Realizó un doctorado en historia en la Universidad de Nueva York, y su doctorado en divinidades en el Seminario Teológico Fuller. Durante más de veinte años sirvió en las facultades de varias universidades y seminarios cristianos. Fue un autor y editor prolífico. Veamos algunas consideraciones de estos hombres relacionadas con el bautismo en el Espíritu Santo.

Los puntos de vista del Dr. Billy Graham

El Dr. Billy Graham le concede un valor altísimo al asunto de la plenitud del Espíritu Santo. En su libro *The Holy Spirit* [El Espíritu Santo], el Dr. Graham le dedica un capítulo entero al tema "Como ser llenos del Espíritu Santo". Escribió:

"Estoy convencido de que ser llenos del Espíritu Santo no es una opción, sino una necesidad. Es indispensable para una vida abundante y para un servicio fructífero. Una vida llena del Espíritu Santo no es algo anormal. Por el contrario, debe ser el estado normal de un cristiano. Cualquier cosa menor que eso estaría por debajo de lo normal y sería menos de lo que Dios desea y provee para sus hijos. Por lo tanto, la plenitud del Espíritu no debe ser vista jamás como una experiencia fuera de lo común solo conocida por unos pocos. Ha sido diseñada para todos, y está disponible para todos. Es por ello que las Escrituras nos mandan: "Sean llenos del Espíritu".[8]

El Dr. Graham también enumera tres condiciones necesarias para ser llenos del Espíritu Santo. La primera es entender ciertas verdades de la Biblia. Una verdad que debemos entender es que Dios nos ha dado su Espíritu Santo y que Él mora en nosotros. Esto es algo que comienza a ocurrir en el momento de la conversión, para que esta sea genuina. El Dr. Graham dice: *"Es algo que aceptamos por fe"*.[9]

Permítame señalar aquí que aunque concuerdo con el Dr. Graham en que la fe y no las obras es el medio por el cual recibimos el perdón de Dios en Cristo, no estoy de acuerdo con que el enfoque de la fe sea aceptar por fe el hecho de que hemos sido llenados del Espíritu Santo. Es en este punto que Wesley y el Dr. Gordon Fee difieren del Dr. Graham. Estos últimos afirman que la evidencia de la verdadera fe es el recibimiento del Espíritu Santo como una experiencia tangible (este es el tema central del libro *God's Empowering Presence*, del Dr. Fee[10]). Wesley creía que somos salvados por gracia a través de la fe, y justificados por la fe, pero que no ocurre igual cuando recibimos el Espíritu. La experiencia de la justificación puede presentarse con poca emoción o sentimientos, pero cuando uno es santificado o bautizado en el Espíritu, se trata de una experiencia tangible poderosa posterior a la justificación. Wesley creía que solo podemos sentir la seguridad de la justificación mediante el bautismo en el Espíritu Santo, la plenitud del Espíritu, la santificación, o la segunda obra de gracia; una misma experiencia con diferentes nombres. Sin embargo, insistió en el hecho de que la justificación no depende de esta experiencia posterior.[11] Podría decirse que el mundo evangélico está usando el mismo principio hermenéutico del movimiento Palabra de Fe relacionado con la sanación, afirmando algo que aún no se ha manifestado en sus cuerpos.

Creo que es necesario que se manifieste la sanación para tener la certeza de que tenemos lo que hemos pedido. De igual manera, es necesario tener evidencia de la manifestación de nuestra petición del Espíritu. No estoy hablando de la manifestación de un don particular, sino de la evidencia de que el Espíritu mismo está morando en nosotros. El recibimiento del Espíritu Santo en el momento de la conversión debe dar prueba de sí mismo, y más aún cuando somos llenos o bautizados en el Espíritu Santo.

Además de entender ciertas verdades de la Biblia, la segunda verdad que el Dr. Graham señala que debemos entender es que Dios nos manda a estar llenos del Espíritu y que esa es su voluntad para nosotros. El Dr. Graham afirma que "rechazar ser llenados por el Espíritu es contrario a la voluntad de Dios. [...]. Dicho claramente: Dios quiere llenarnos con su Espíritu".[12]

En relación a la tercera verdad debemos tener en cuenta que el Dr. Graham estaba influenciado por el Movimiento de Santidad de Keswick. Esta era también la posición de mi profesor de evangelismo en el Seminario Bautista del Sur, el Dr. Lewis Drummond. Tanto el Dr. Graham como el Dr. Drummond eran creyentes en la experiencia Keswickiana, o de su manera de obtener la plenitud del Espíritu. Se trata de un punto de vista no pentecostal, pero muy similar al "camino corto" de los metodistas (yo hablé personalmente con el Dr. Drummond sobre este tema). Este tercer punto de vista está relacionado a la presencia del pecado en nuestra vida. El Dr. Graham afirma que el pecado bloquea la obra del Espíritu Santo en nosotros, y que debemos "lidiar de manera honesta y completa con todos los pecados conscientes" antes de recibir la plenitud del Espíritu.[13] Es claro que el Dr. Graham no se está refiriendo aquí a una confesión rápida tipo: "Padre, te pido que perdones mis pecados en el nombre de Jesús", sino a permitir que el Espíritu Santo hurgue completamente en nuestro corazón y traiga a nuestra mente cada pecado que hemos cometido de manera que podamos confesarlo. Él escribe:

"No debemos conformarnos con un examen informal de nuestra vida [...]. No solo debemos confesar lo que creemos que es pecado, sino lo que el Espíritu Santo catalogue como pecado cuando escuchemos su voz en la Palabra de Dios [...]. No solo debemos ser honestos en cuanto a los diferentes pecados en nuestra vida, sino hurgar hasta llegar al mayor de todos los pecados: nuestra incapacidad de permitir que Cristo gobierne nuestra vida. La pregunta más fundamental que todo cristiano debe hacerse es esta: ¿Quién gobierna mi vida, Cristo o yo? [...] Es asombroso cómo muchos cristianos jamás afrontan este asunto del Señorío de Cristo, a pesar de que el Nuevo Testamento está lleno de citas sobre la demanda de Cristo de que nos comprometamos completamente con Él".[14]

Los puntos de vista del Dr. Harold Lindsell

Podemos arrojar más luz sobre el tema resumiendo la posición del Dr. Harold Lindsell sobre cómo obtener la plenitud del Espíritu Santo y considerar algunas de sus más importantes observaciones. El Dr. Lindsell cree esto:

"Todos los creyentes son sellados y llenados por el Espíritu, y experimentan la gracia santificadora del Espíritu en ellos. Pero no todo creyente es necesariamente llenado o controlado por el Espíritu Santo al momento de su nuevo nacimiento, e incluso después. Esta plenitud de la que hablo es sin duda un derecho natural del creyente o la creyente. Le pertenece por ser un hijo o hija de Dios, y coheredero o coheredera con Jesucristo. Es el deseo del padre que todos sus hijos sean llenos del Espíritu. Es una bendición que debemos reclamar".[15]

El Dr. Lindsell enumera cinco cosas que deben ocurrir para que una persona sea llenada o bautizada en el Espíritu Santo. La primera es la necesidad de nacer de nuevo. La segunda es la necesidad de estar bajo el señorío de Cristo. La tercera es la necesidad de confesar y arrepentirse de todos los pecados en nuestra vida. La cuarta es pedirle a Dios que nos llene con su Espíritu Santo. La quita es reclamar la promesa.[16]

El Dr. Lindsell también dice que la actitud del creyente en relación al recibimiento de la plenitud del Espíritu Santo puede resumirse en seis oraciones: (1) La plenitud del Espíritu es un derecho natural y nos pertenece gracias a la promesa en el pacto de la redención. (2) Después del Pentecostés, la promesa del Espíritu estuvo disponible para todos los creyentes. (3) Los creyentes saben cuándo reciben la plenitud del Espíritu. Si uno no esta seguro de ello, es porque no la tiene. (4) La Biblia establece claramente que nadie puede asegurarse esta plenitud por sus propios medios, ni puede comprarla. (5) Cueste lo que cueste, todo creyente sincero debe recibir la plenitud del Espíritu. (6) Dios siempre cumple su palabra, y por eso los creyentes pueden estar seguros de que si cumplen las condiciones establecidas para ser llenados del Espíritu Santo, con toda seguridad lo recibirán.[17]

La posición del Dr. Lindsell en cuanto a reclamar la promesa suena similar a la de Phoebe Palmer, la maestra del Movimiento de Santidad del siglo XIX que mencioné anteriormente. Ella no asume la antigua posición de mortificar la carne y alcanzar mayores niveles de consagración para luego recibir "la segunda obra de gracia" para la santificación. Más bien cambia el énfasis hacia creer y confesar la verdad hasta que uno posea la verdad. El Dr. Lindsell continúa diciendo:

"El creyente que le pide a Dios que lo llene de su Espíritu Santo debe hacerlo manteniendo ciertas verdades bíblicas en su mente y su corazón. La primera es que la voluntad de Dios es que cada creyente esté lleno de su Espíritu. Si es así, entonces es algo por lo que podemos orar sin contingencia, porque si se trata de la voluntad de Dios podemos pedir que se cumpla con la certidumbre de la fe".[18]

El Dr. Lindsell cita 1 Juan 5:14–15: "Esta es la confianza que tenemos al acercarnos a Dios: que si pedimos conforme a su voluntad, él nos oye. Y si sabemos que Dios oye todas nuestras oraciones, podemos estar seguros de que ya tenemos lo que le hemos pedido". Luego él resume sus ideas diciendo:

"Todo creyente que sirve a Cristo como su Señor, y que se ha arrepentido y ha confesado todos los pecados que ha cometido, y que ha pedido ser llenado del Espíritu Santo, puede hacer suya la promesa de Dios en la fe [...]. Dios mantiene su promesa aunque no haya señal alguna de su cumplimiento. No debemos buscar la experiencia, sino simplemente aceptar la promesa por fe, y comenzar a dar gracias a Dios por lo que ya ha hecho".[19]

Dios hace sus propias excepciones

Aunque estoy seguro de que las posiciones del Dr. Graham y del Dr. Lindsell son nobles y en general correctas, debo admitir que no estoy ciento por ciento de acuerdo con el asunto de las condiciones. Al reflexionar en las posiciones de estos dos grandes hombres, me di cuenta de que yo he visto cosas que ocurren con el Espíritu Santo que no se ajustan a las condiciones

53

que ellos mencionan. He visto excepciones a estas condiciones, especialmente a la que dice que la persona debe confesar todos los pecados que recuerde y arrepentirse de ellos antes de recibir la plenitud o el bautismo en el Espíritu.

Yo creo que Dios hace excepciones, y estas excepciones son señales de que este no es un asunto de comportamiento, sino de dones basados en la gracia y recibidos a través de la fe. Incluso mientras escribo esta última frase, recuerdo que a veces las imparticiones son visitaciones soberanas de Dios que llegan cuando aún hay necesidad de confesión y arrepentimiento, o muy poca o ninguna fe. Yo he visto personas que no han confesado todos sus pecados recibir imparticiones de poder y dones que solo pueden tener un origen en la gracia.

Concuerdo en que las tres cosas que menciona el Dr. Graham: (1) que debemos entender ciertas verdades de la Biblia, (2) que Dios desea y nos pide que estemos llenos del Espíritu Santo, y (3) que debemos lidiar con todos los pecados que recordemos, son elementos importantes para crecer en nuestra relación con Dios. Pero a veces Dios toca soberanamente a personas en la iglesia que todo el mundo sabe que no tienen su vida espiritual en orden. El motivo por el que Dios hace esto es recordarnos que todos por gracia podemos recibir. Sus dones son "carismas", no "obrismas". Son manifestaciones que nos ayudan a permanecer del lado de la gratitud y la alabanza por su gracia hacia nosotros.

En otras palabras, ¡cuando estamos en una reunión en la que la persona que está ministrando es usada por Dios para impartición, nadie está a salvo! De hecho, esta última frase forma parte del título del capítulo 8, en el que hablo un poco más sobre esto. Dios puede derramar su Espíritu sobre cualquier persona. La norma, sin embargo, es que Él toque en público a aquellos que han estado pidiendo en privado su impartición.

La experiencia práctica

Ahora que hemos hablado de estar listos para recibir el Espíritu Santo (y de cómo a veces no estamos "listos", pero igualmente lo recibimos, puesto que Dios hace sus excepciones), veamos el lado práctico de recibir impartición de parte de Dios. Permítame concluir este capítulo con algunas instrucciones prácticas sobre el recibimiento de diferentes tipos de impartición. Voy a comenzar y terminar con una palabra de precaución. No tome estas enseñanzas y consejos como normas. Se trata de patrones que yo he visto, pero por favor no confine a Dios a mi limitada visión de las cosas. Espero, sin embargo, que mis palabras sirvan de punto de partida para que usted pueda comenzar a entender cómo entrar en la presencia de Dios y recibir impartición de parte de Él.

Me referiré aquí a varios aspectos del acto de recibir de parte de Dios. A veces puede significar recibir poder, otras veces paz, y otras veces sanación física. Algunas veces la persona puede recibir todas esas bendiciones o varias de ellas al mismo tiempo. He aprendido mucho de John Arnott sobre cómo ayudar a aquellas personas a quienes se les dificulta recibir. A él se le hizo difícil recibir, y por eso él y yo nos sentimos identificados con los que se quedan esperando durante una ministración. Ambos hemos pasado por esa experiencia. Hace unos años yo me quedé de pie esperando cuando Mahesh Chavda oró por mí en una congregación en Kansas City. Fui uno de solo dos personas que se quedaron sin recibir en un grupo de doscientos pastores por quienes oró. A John también le pasó en una reunión con Rodney Howard-Browne en las que cientos de otros pastores habían caído al suelo.

Yo no quiero limitar las caídas, los temblores, la risa, o cualquier otro tipo de movimiento afirmando que tienen un significado específico. Sería realmente tonto limitar a Dios de esa manera. Sin embargo, sería deshonesto de mi parte no decir que algunas cosas ocurren con una frecuencia suficiente como para darnos cuenta de algunos patrones comunes en la manera en que mucha gente responde al Espíritu Santo. Por ejemplo: Cuando las personas reciben bendición de paz, tienen la tendencia a debilitarse y caer. Los que reciben bendición de poder a menudo sienten ese poder en sus manos o en alguna otra parte de su cuerpo. A veces también tiemblan o se sacuden como resultado de ese poder. Algunas veces se ponen a brincar de un lado a otro durante largos períodos de tiempo. En ocasiones el poder es tan fuerte, que caen y se sacuden en el suelo. Cuando se trata de una unción de sanación, muchas veces sienten calor o electricidad en el cuerpo. Otras veces simplemente desaparece el dolor.

En los casos de las curaciones, muchas veces debemos aconsejar a las personas que traten de mantenerse concentradas después de la primera tanda de poder. Dios a veces imparte intermitentemente haciendo pausas para que la persona que está recibiendo la bendición descanse. Esto es algo que usted agradecerá, porque muchas veces la intensidad de la experiencia es tan poderosa que es necesario un descanso o pausa. Ayudar a alguien a mantener la concentración mientras está recibiendo la impartición es importante. La gente se ha venido acostumbrado a oraciones rápidas con enunciaciones que deben creer o aceptar, y pocos están acostumbrados a esperar a que el Espíritu Santo lleve a cabo la curación que han pedido.

En cuanto a las caídas, generalmente digo lo siguiente durante las reuniones: "Esta noche no queremos que haya caídas de cortesía. Eso sería una manifestación carnal. De igual manera, tratar de resistirse para mantenerse en pie, también sería carnal. No trate de caer, ni trate de mantenerse de pie. Ambas cosas son carnales".

Uno de los problemas que muchos presentan es el de ponerse a analizar las manifestaciones. Yo siempre les digo a los asistentes una frase de John Arnott que él solía repetir durante los primeros días del derramamiento de Toronto: "Dejen el análisis y comiencen el romance". Yo le añadiría: "Experimentar a Dios es un asunto romántico que no puede ser analizado. El análisis arruina la experiencia. Le doy un ejemplo: ¿Sabía usted que nuestra boca tiene más gérmenes que cualquier otro lugar de nuestro cuerpo? ¿Cómo es que dos adultos pueden juntar sus bocas con todos esos gérmenes? Porque no se ponen a analizarlo. El beso simplemente nace del romance. Con la impartición, lo único que usted tiene que hacer es silenciar su espíritu y poner los labios" (El humor también ayuda muchas veces a aliviar la presión que muchos se imponen a sí mismos).

Otro aspecto relacionado con la experiencia de la impartición es qué hacer cuando caemos al suelo. Me he dado cuenta de que muchas personas se levantan demasiado rápido. A veces la unción es tan fuerte que la persona no se puede mover. Otras veces no lo es tanto. Sin embargo, enfriamos al Espíritu al levantarnos cuando Él está descansando su paz en nosotros. Yo le recomiendo que permanezca en el suelo hasta que ya no se le dificulte moverse. Permanezca allí hasta que ya no se sienta pesado y pueda levantarse fácilmente como lo haría normalmente.

Una de las cosas más difíciles de lograr es que la gente permanezca en silencio cuando se está orando por ellas; especialmente en el caso de personas que tienen mucho tiempo en la iglesia; o de otras que sienten que es importante hablar en lenguas al momento del derramamiento, o estar repitiendo cosas como: "Yo creo, yo creo, recibo, recibo". Me he dado cuenta de que a estas personas se les hace más difícil recibir impartición de poder para ministrar que incluya ciertos dones cuando están hablando y pidiendo.

Mi intención por supuesto no es persuadir a quienes desean el don de lenguas a que no oren, o a que no permitan que el Espíritu los mueva a orar sin utilizar un lenguaje "normal".

Pero personalmente prefiero ver llegar el don de lenguas sin ningún esfuerzo para provocarlo. Yo por ejemplo no le aconsejo a nadie que comience a repetir marcas de carros japoneses para tratar de comenzar a hablar en lenguas. Mi intención es bajar la preocupación, y por eso les digo que las lenguas pueden llegar cuando yo ore por ellos, o mientras están conduciendo por la autopista, o mientras están haciendo un puré de patatas, o en cualquier momento de adoración. El asunto es que lo pidan, crean en ello, esperen tranquilos y lo reciban.

Espero que todo lo que he escrito aquí sea de ayuda para usted. Le advierto nuevamente que no debe tomar mis consejos como normas, sino simplemente como observaciones. A lo máximo podría considerarlos principios.

Yo admito que Dios usa a otros de maneras muy diferentes a como las he descrito acá, y aun así son de origen divino. No podemos juzgar ni opinar si la armadura de Saúl no le queda bien al joven David. Si Dios le ha dado a usted destreza para utilizar la honda, entonces úsela. Yo solo estoy contándole como uso mi honda. El consejo que doy cuando predico es que trabajen con la honda que Dios les ha dado. Será ciertamente contraproducente tratar de usar mi honda cuando Dios lo ha preparado a usted para ministrar de una manera diferente. No piense que yo estoy diciendo que tengo algo mejor que usted. Simplemente estoy compartiendo con usted lo que en mi caso funciona mejor.

En la parte 2 no solo haré un recuento de los frutos en cuanto al número de iglesias plantadas, iglesias renovadas y de personas traídas al Reino, sino también de los frutos en cuanto a individuos que han recibido impartición. Veremos lo que la impartición hizo en ellos, y examinaremos las razones principales de sus imparticiones. Todas produjeron un aumento en las señales y maravillas, así como en frutos evangelísticos. También veremos que, en definitiva, el propósito final de toda impartición es que Dios sea glorificado.

PARTE 2

En la cosecha

Frutos que perduran

"No me escogieron ustedes a mí, sino que yo los escogí a ustedes y los comisioné para que vayan y den fruto, un fruto que perdure".

—*Juan 15:16*

"Es abundante la cosecha —les dijo—, pero son pocos los obreros. Pídanle, por tanto, al Señor de la cosecha que mande obreros a su campo".

—*Lucas. 10:2*

4

Los frutos de la impartición

El Salmo 1 nos ofrece un hermoso cuadro acerca de la impartición y sus frutos en las vidas de las personas. En él se describe a un hombre que se ha alejado de las cosas del mundo y de la carne, y que ahora se deleita en el Señor. A medida que este hombre medita día y noche en las instrucciones de Dios, se va volviendo como un árbol plantado a la orilla de un río, que produce fruto a su tiempo y sus hojas jamás se marchitan. Todo cuanto hace prospera. ¿No es esto lo que ocurre cuando recibimos impartición de parte de Dios? Yo creo que sí. Dios comienza preparando nuestro corazón, alejándonos de las cosas del mundo, y creando en nosotros una mayor necesidad de Él. Responde el clamor de nuestro corazón impulsándonos a tener una relación más estrecha con él. Luego nos toca de una manera tan intensa que nos arranca para siempre de nuestra vida pasada y nos planta junto a ríos de aguas vivas, para que produzcamos fruto a su tiempo. Él nos hace prosperar y producir frutos para su Reino.

En las siguientes páginas usted leerá historias de hombres y mujeres comunes y corrientes que terminaron realizando cosas extraordinarias como resultado de la impartición de Dios. Todos fueron radicalmente transformados, perdonados, capacitados y puestos en acción para llevar a cabo el llamado de Dios en sus vidas. Descubrieron que la impartición tiene un precio. Este va desde soportar resistencia de parte de la familia, amigos, e incluso la iglesia; hasta tener que sufrir persecución y grandes pruebas. Algunos han tenido que cambiar sus doctrinas después de una impartición. han obtenido una valentía y una confianza que jamás imaginaron tener. Dios comenzó a usarlos para sanar a los enfermos, y levantar a los muertos.

Cuando lea estas historias maravillosas, se dará cuenta de la participación divina y de que es a Dios a quien han buscado estos creyentes. Ellos han llegado a conocer el corazón de Dios, le han dedicado su tiempo, y han visto su gloria. Como dice la Dra. Denise Meisburg en una de las historias que leerá: "¡No es posible usar su poder a menos que conozca su corazón!".

Tocados por Dios

Rolland y Heidi Baker son misioneros de largo plazo en Mozambique, África. Dios ha conectado mi ministerio con el de ellos, específicamente en lo que respecta a impartición. La historia comenzó en 1977, cuando nos conocimos. Después de quince años sirviendo en las barriadas pobres de Indonesia, Hong Kong y Londres; y de servir durante dieciocho meses entre los niños necesitados de Mozambique, Rolland y Heidi comenzaron a sentir la urgente necesidad de un toque refrescante de Dios. Así como Dios estableció un encuentro divino con Cornelio en Hechos 10, quien también sirvió al pueblo de Dios, también estableció un encuentro con Rolland y Heidi, el cual se dio en Toronto, Canadá.

Rolland había visitado Toronto antes que Heidi, la primera vez en 1995. En esa ocasión fue especialmente tocado por Dios en el avivamiento. Regresó a Mozambique con la convicción de que tenía que llevar a Heidi también a Toronto. En julio de 1996 ella accedió a visitar la conferencia de sanación. En el avión, Heidi imploró a Dios, diciendo: "Dios mío, estoy tan cansada que si tú no me tocas lo que quiero hacer es comenzar a trabajar en Kmart. No creo que voy a poder seguir en este ministerio si tú no me revitalizas". En ese momento ella estaba enferma, y su médico le había aconsejado que no viajara. Una mujer llamada Sharon Wright oró por Heidi en la conferencia, y fue completamente sanada.

En el otoño de 1996 los Baker regresaron a Toronto y Dios tocó nuevamente a Heidi. Luego en enero de 1997, Heidi hizo su tercer viaje a Toronto. Yo estaba en ese avivamiento como uno de los oradores invitados, y prediqué un mensaje que he dado muchas veces llamado "Avanza". Dios ha usado este sermón para aumentar e impartir nuevos derramamientos del Espíritu Santo alrededor del mundo. El centro del mensaje es que Dios está buscando personas que anhelen ser usadas por Él, que no se conformen con lo cotidiano, y que deseen que Él las unja con poder.

Ya avanzando hacia el final del mensaje, Heidi se levantó, pasó al altar, y comenzó a orar para que Dios la tocara. La recuerdo allí parada orando, mirándome con lágrimas en sus ojos. Inmediatamente sentí la impresión de declararle la siguiente palabra profética:

—Heidi, Dios quiere saber algo: ¿Quieres tú a la nación de Mozambique?

En mi mente no traté de buscarle sentido a mis palabras, simplemente las dije. Heidi respondió con mucha seguridad:

—¡Sí!

—Dios va a entregarte a Mozambique. ¡Vas a ver los mudos hablar, los paralíticos caminar, los ciegos ver y los muertos resucitar! —le dije.

Inmediatamente Dios respaldó la palabra profética con su enorme poder y presencia. El poder de Dios descendió sobre Heidi con una fuerza e intensidad tales, que quedó paralizada del cuello para abajo durante un corto tiempo. Experimentó calor, electricidad, risas y llanto, al punto de pensar que moriría de tanto poder. La experiencia permaneció durante siete días y siete noches. Esta ha sido la experiencia más poderosa en el Espíritu que Heidi ha tenido en su vida. Fue la más intensa y larga, y produjo los mayores frutos. El resultado de esta impartición ha sido una saga tan extraordinaria, que es tal vez la cosecha de almas más fenomenal de nuestro tiempo. Las historias de milagros de Heidi y Rolland, las tareas que Dios les ha encomendado, y sus experiencias heroicas y desgarradoras, parecen sacadas del mismo libro de los Hechos, ¡y muestran que Dios es el mismo ayer, hoy y por los siglos! A través de los Baker Dios ha hecho surgir un milagroso movimiento de establecimiento de iglesias que cuenta actualmente con más de diez mil iglesias en diez países, y más de un millón de almas salvadas.

Los frutos del Reino

Es importante que sepamos que el hecho de recibir palabra profética, como le ocurrió a Heidi, no hará que todo se nos facilite repentinamente. La mayoría de las veces Dios usa la Palabra profética para fortalecernos para las dificultades que sobrevendrán. Me he dado cuenta de que muchas veces hay una relación entre la intensidad de una experiencia con Dios y el grado de dificultad que la persona enfrentará para cumplir el llamado de Dios en su vida. Debemos aprender a confiar en las promesas de la palabra profética. En el capítulo 7 "La obediencia radical", explicaré un poco mejor este tema.

Otra cosa que debo decir es que aunque los Baker recibieron sus imparticiones durante cierto período de tiempo, no siempre ocurre así. Dios muchas veces actúa rápido, y trabaja en cada quien en la manera en que necesita prepararlo o prepararla para producir mucho fruto para su reino.

Los siguientes testimonios de pastores, misioneros y laicos le ayudarán a entender cómo la impartición puede transformar vidas; no solo de quienes la reciben, sino de aquellos que ellos tocarán. La información contenida en estas páginas fue obtenida a través de entrevistas que les hice directamente a estas personas a través de cartas y correos electrónicos que me escribieron sobre sus experiencias de impartición. Usted se dará cuenta de que cada experiencia es única, así como la persona que la recibió. Sin embargo, se asemejan en que en todos los casos la impartición produjo abundantes frutos para el Reino de los cielos.

Marcelo Casagrande

En el año 2003 recibí una invitación para asistir a una serie de avivamiento en la Iglesia Cuadrangular del pastor Daniel Marin en São Paulo, Brasil [Nota: Esta serie formaba parte de una conferencia de Global Awakening. Daniel Marin era el presidente de la denominación Cuadrangular en el estado de São Paulo, así que unos mil doscientos pastores con sus esposas estarían presentes].

Debo confesar que cuando llegué a la iglesia no me sentí cómodo. Todo me pareció extraño. Los asistentes adoraban a Dios frenéticamente, temblando y bamboleándose. Algunos estaban tirados en el piso y rodaban de un lado a otro. Cuando vi todo eso, pensé: ¿Realmente necesitan hacer todo eso para hablar con Dios o para sentir su presencia? Yo era pastor de una iglesia bautista carismática y creía en el bautismo en el Espíritu y en hablar en lenguas, pero aun así las cosas que vi en esas reuniones eran demasiado para mi comprensión.

De repente, mientras juzgaba todo lo que estaba viendo, mi pierna comenzó a temblar sin que nadie me tocara. Yo no entendía nada sobre esta clase de avivamiento, y quería que mi pierna parara de actuar sola, pero no pude lograrlo. Yo estaba junto a varias personas de mi iglesia que me acompañaban, y pensé: **¿Qué va a pensar mi gente si ven que mi pierna está temblando de esa manera?**

En un intento por tratar de que mi pierna dejara de moverse, la agarré fuertemente con mi mano, pero en vez de lograrlo lo que conseguí fue que mi mano también comenzara a temblar. Miré disimuladamente sobre mi hombro para ver si mi gente me estaba viendo, y entonces mi hombro y mi brazo comenzaron a temblar. Antes de que pudiera entender lo que estaba ocurriendo, caí al suelo con todo mi cuerpo temblando, impactado por una fuerte presencia de Dios. Permanecí en el suelo durante horas, recibiendo la visitación del Espíritu.

Cuando terminó la reunión logré levantarme con ayuda. Me metí en mi automóvil, pero no pude conducir porque mis piernas aún estaban temblando mucho, así que le pedí a un miembro de la iglesia que condujera mi vehículo y me llevara a mi casa. Escuché que la mañana siguiente habría cierto adiestramiento en la iglesia, así que regresé. Ya en ese momento no me importó lo que los demás pensaran, porque sabía que era de Dios y quería más.

Sin embargo, cuando llegué al adiestramiento recuerdo haber pensado: **¿Por qué están enseñando sobre sanación? ¡No hay nada que enseñar en ese sentido! Dios sana al que quiere sanar. Uno simplemente ora, y si es su voluntad, la persona se sana. No hay nada aquí que debo aprender. ¡No** podía estar más equivocado! Resultó que aprendí más sobre sanación esa mañana que en todos mis años de entrenamiento para convertirme en pastor.

La tercera noche de la conferencia Randy enseñó sobre impartición. Después de eso comenzó a pedir en oración que la presencia de Dios tocara a los asistentes. Recuerdo que dijo: "Todos los que estén temblando, sintiendo electricidad, calor, energía, o alguna manifestación de la presencia de Dios, pasen por favor al frente y estiren sus manos hacia adelante con las palmas hacia arriba, como si fueran a recibir un regalo, porque el Padre les va a dar sus dones esta noche".

Muchos pasaron al frente, incluyéndome. Yo estaba temblando intensamente. Randy se acercó y me preguntó si yo me había untado alguna clase de aceite en mis manos. Le dije que no, pero apenas lo mencionó me di cuenta de que las palmas de mis manos estaban cubiertas de aceite; tanto, que se estaba derramando al piso. Le dije que yo no había puesto nada en mis manos, y que jamás me había ocurrido algo semejante.

Randy me miró y me dijo: "¡El milagro de la unción ha sido derramado sobre este pastor!". Al decir esto me sopló, y la unción fue derramada sobre mí tan poderosamente, que fui empujado diez pies (tres metros) hacia atrás. Tumbé varios al suelo cuando los toqué con mis manos ungidas, y me quedé en el suelo temblando a causa del poder de Dios que estaba siendo liberado en mi vida. Esa noche tampoco pude conducir, y un amigo me llevó a casa. Cuando llegué a mi casa, lo único que hice durante tres días fue llorar. Fueron tres días y tres noches llorando. Llegó un momento en que ya no tenía lágrimas pero no podía dejar de llorar por la presencia de Dios. Durante esos tres días y tres noches no comí nada. Mi esposa trató de persuadirme a que comiera, pero no podía comer ni tomar nada, sino llorar. Ella me preguntó por qué estaba llorando tanto, y le respondí que por la presencia de Dios. Más tarde entendí que durante esos días Dios estaba sanando una herida que tenía muy dentro en el alma. El primer milagro que Dios hizo en mi vida ocurrió en mi corazón. Él me estaba preparando para algo grande, pero yo no tenía idea de lo grande que sería.

Después de haber llorado durante tres días, me levanté con mucha hambre en la tarde y fui a una panadería cercana a mi casa. Mientras me dirigía para allá, me llegó palabra de conocimiento para sanación. Supe que era palabra de conocimiento porque había aprendido sobre ello durante la clase impartida por Randy. Cuando llegué a la panadería, permanecí conectado con el Espíritu Santo para saber a quién estaba dirigida la Palabra de conocimiento. Cuando me acerqué a la caja para pagar, sentí que la palabra era para una dama que estaba haciendo la fila. Me acerqué a ella y le pregunté si por casualidad ella tenía un dolor en su hombro derecho.

Ella abrió los ojos de par en par y me dijo:

—¿Cómo sabe usted eso?

—Soy cristiano —le respondí—, y a veces Jesús me revela cosas para sanar a las personas.

La dama me contó entonces que el dolor en el hombro derecho era espantoso. Ni siquiera podía levantar el brazo por el dolor.

Le dije que cuando Dios da palabra de sabiduría, Él quiere sanar a la persona, y le pregunté si podía orar por ella. Ella accedió, entonces puse mi mano en su hombro. Sorprendida, me dijo:

—Oh, pero, ¿usted se refiere a orar ahora? ¿Aquí en la panadería? ¿No es necesario que vaya a la iglesia, o algo por el estilo?

—Sí, aquí y ahora —le dije—. Dios puede curarla aquí mismo en la panadería sin necesidad de ir a la iglesia. Voy a orar por usted en voz baja y mis ojos abiertos, para que nadie se dé cuenta.

—Está bien —respondió ella.

Coloqué entonces mi mano en su hombro y oré en voz baja, diciendo: "Espíritu Santo, ven. Hombro, sana en el nombre de Jesús". Terminé esta corta oración, la cual aprendí de las enseñanzas de Randy, y le pregunté si se sentía mejor.

Ella trató de mover su brazo; y para su sorpresa, y también para la mía, ¡el hombro estaba totalmente curado! Ahora podía levantar el brazo y tocar su cabello, algo que no había podido hacer en mucho tiempo. Ella estaba muy sorprendida y alabó a Dios por la curación. Yo le pedí que buscara una iglesia cerca de su casa para que asistiera. Le pedí que le contara a todo el mundo lo que Dios había hecho por ella. Ella me dijo que lo haría y me dio las gracias llorando.

Desde ese día el Señor continuó usándome en diferentes lugares. Dondequiera que iba, me daba palabra de conocimiento y oraba por personas que se sanaban. Pasó en la carnicería, en el supermercado, y en muchos otros lugares.

El domingo posterior a mi visitación, y a la impartición que recibí de parte de Randy, comencé a predicar como siempre, pero había algo diferente en mí. La presencia de Dios era palpable en mi vida. En cierto momento durante la adoración, conté rápidamente lo que estaba experimentando e invité a los asistentes a pasar al frente para orar por sanación. Habían unas quinientas personas en la iglesia, y la mayoría pasaron al frente. Yo bajé del púlpito para ministrar imponiendo las manos. Sin embargo, cuando levanté mis manos para orar por ellos, todos comenzaron a caer por el poder del Espíritu Santo. Algunos temblaban, otros reían, y otros fueron bautizados en el Espíritu. A pesar de que no llegué a orar directamente por ellos, un número de personas que estaban enfermas fueron sanadas inmediatamente. Una mujer tenía una terrible infección estomacal que los médicos no pudieron curarle. Tenía una semana enferma en su casa, y pasó quince días en el hospital, sin resultado. Esa mañana había ido a que oraran por ella, y la unción fue tan fuerte que cayó al suelo. Los asistentes vieron un parásito de tres pulgadas (7.6 cm) saliéndole por la nariz. Se curó instantáneamente. Ella no era cristiana y había estado involucrada con curanderos, pero esa mañana recibió la salud y entregó su vida al Señor.

Al poco tiempo comencé a recibir invitaciones para predicar en distintas regiones de Brasil. Fui a todos los lugares a donde el Señor me llevó, y en todas partes Dios curó a muchas personas. En julio de 2011 estaba en una reunión grande con Randy Clark aquí en Brasil. Ed Rocha, el hijo espiritual de Randy, oró por mí. Caí al suelo, y comencé a sentir unas cosas muy extrañas y maravillosas en mi estómago. Ed se arrodilló a mi lado, se quitó su reloj, y lo puso en mi muñeca, diciendo: "El Señor está abriendo una nueva etapa en tu ministerio. Un nuevo tiempo llegará y ya ha comenzado. Vas a ser invitado a ministrar por toda Sudamérica, y el nivel de tú unción aumentará". En ese momento yo no había salido de Brasil para ministrar. No mucho tiempo después recibí invitaciones para predicar en Uruguay, Paraguay y Argentina. Ha pasado un año desde que Ed me dio esa palabra, y desde entonces he estado en todos los países de Sudamérica para predicar sobre el poder de Dios para sanar. Literalmente, he ministrado a miles de personas, las cuales han sido tocadas por el poder sanador de Jesús. He orado y he visto a más de ochenta ciegos recuperar la vista, más de setenta sordos escuchar de nuevo, más de treinta mudos hablar, y a unos sesenta paralíticos caminar. Muchas otras señales se manifiestan durante mis reuniones. Dientes de oro, clavos, tornillos, y barras de metal en los cuerpos de las personas se han convertido en hueso o han desaparecido. Y muchas personas han recuperado la capacidad de mover alguna articulación que tenían rígida a causa del metal. Usted puede ver cientos de testimonios como estos en video en YouTube, bajo la búsqueda "Marcelo Casagrande". Agradezco a Dios y glorifico su nombre por Randy Clark, a quien Dios usó para cambiar para siempre mi vida y mi ministerio.

Mike Kaylor

Fort Lauderdale, Florida

Si digo que estaba desilusionado con mi vida y mi ministerio me quedaría corto. Después de treinta años en el ministerio, y cinco "movimientos", estaba desesperado por experimentar la realidad de la presencia de Dios.

Mi esposa había sido curada en una reunión de Randy en Toronto de un dolor debilitante en la parte de arriba de su espalda y sus hombros que los médicos no podían explicar. Yo había oído hablar de la enorme cantidad de poder e impartición que solían ser derramados en los viajes ministeriales de Randy, y sabía que si quería atender mi necesidad tendría que ir donde el cielo estuviera abierto. Como resultado, hice mi primer viaje misionero a Brasil con Randy. Una de las bendiciones maravillosas del viaje fue el hecho de que había un momento especial dedicado a orar por impartición para el equipo. Mientras esperaba mi turno para que se orara por mí, podía ver con emoción y asombro las diferentes reacciones en que la gente respondía a las oraciones. De repente pensé: ¿Y si soy el único de los presentes que no reacciona?

Antes de terminar de pensarlo, llegué a donde estaba Randy de pie delante de mí. Él puso su mano en mi frente y comenzó a orar, y de repente caí de rodillas, temblando incontrolablemente y con mi brazos abiertos sacudiéndose. A pesar del miedo que sentí, no quería detener algo que provenía de Dios. Dije: "Señor, permite que ocurra".

Comencé a sentir un calor dentro de mí que comenzó a consumirme desde la cabeza hasta los pies. ¡Era como si estaba en llamas! En medio de la impartición escuché al Señor decir: "Lo querías, ¡te lo doy!".

Comencé a sentir un extraño hormigueo en mi frente. Fue como si un ángel puso algo adentro de ella. Eso ocurrió tres veces. Recibí conocimiento sobre el ámbito angélico y sobre los ángeles que me habían sido asignados. La impartición continuó hasta la siguiente noche, cuando tuve que ser sacado cargado de la reunión porque no pude levantarme ni caminar.

Después de la impartición comencé a notar un cambio cada vez que ministraba. Una vez, mientras oraba por una pequeña niña, sentí venir sobre mí una ráfaga de viento en una habitación completamente cerrada. Mi traductor dijo que ella pensó que el Señor me estaba sensibilizando hacia lo angélico. En otra ocasión mientras oraba por un hombre joven puse mi mano en su frente. Para mi sorpresa, el joven fue "empujado" ocho pies (dos metros y medio) hacia atrás. La siguiente persona por quien oré fue una mujer que necesitaba curarse. Cuando comencé a orar por ella, me dijo que el área donde necesitaba curación se estaba calentando. La mujer se sanó, y pasé a la siguiente persona, que me dijo exactamente lo mismo. ¡El calor estaba rodeando el lugar donde necesitaba curarse! Ahí fue cuando comencé a darme cuenta de que algo maravilloso me había sido impartido. Era algo que jamás me había ocurrido.

Después de eso, cuando oraba pidiendo impartición para otros, muchos parecían recibir el mismo fuego consumidor de parte de Dios. Como lo dijo John Wimber: "Todo lo que recibas, ve y compártelo". Era como una Navidad en la que yo podía darle ese regalo a todo el que lo recibiera.

Yo estoy convencido de que la impartición que recibí del cielo no la recibí por algo que yo hice para ganármela, sino que vino en respuesta por la enorme sed que me llevó al lugar donde podía recibirla.

Pastor Silvio Galli
São Paulo, Brasil

Yo recibí impartición a través de varios ministerios, los cuales produjeron un cambio radical en mi vida y una renovación total. En el año 2001 el pastor Randy vino a nuestra iglesia. Cuando oró por mí, sentí un intenso calor de parte del Espíritu Santo. Fue una sensación gloriosa. Después de esta impartición, mi vida personal y mi ministerio fueron transformados. Hoy tengo la intensa presencia de la gloria de Dios en mi vida, y a través de su gracia he impartido la misma unción a otras personas.

Al principio mi familia y la iglesia se mostraron renuentes a lo que estaba ocurriendo. Cuando Dios comenzó a moverse entre nosotros, las cosas se salieron de control. Algunas personas pensaron que lo que estaba ocurriendo era emocional o que estábamos exagerando. Otros pensaron que era algo momentáneo. Pero después de un tiempo, la gente comenzó a notar nuestra transformación. Pronto se dieron cuenta de que no era algo emocional, sino de algo que provenía de Dios.

El pastor Randy Clark nos ha visitado varias veces. La primera fue en el 2001, y para ese entonces nuestra iglesia era tradicionalista, y asistían unas trescientas cincuenta personas. Cuando Randy vino por segunda vez, ya habíamos crecido y contábamos con unos mil doscientos asistentes. La tercera vez teníamos tres mil personas; y para su cuarta visita en el 2009 la iglesia había aumentado a más de nueve mil miembros. En el 2010 establecimos veintitrés nuevas iglesias hijas de esta iglesia. Estoy convencido de que esta unción vino para traer otras unciones, como la unción para obtener victoria sobre la ciudad, las multitudes, y el número de asistentes a las iglesias.

Pero la unción tuvo su precio. Después del avivamiento en nuestra iglesia, era necesario cambiar ciertas cosas en nuestras doctrinas. La unción trajo consigo muchas revelaciones. Nos hemos convertido en una iglesia que se está multiplicando, y para el año 2020 abriremos doscientas nuevas iglesias.

Padre anglicano Bob Jepsen
Oceanside, California

Fui ordenado sacerdote en 1972, y comencé a experimentar un profundo deseo de tener una mayor intimidad con Dios y de ser llenado por el Espíritu Santo y recibir sus dones sobrenaturales. Muchos años después, recibí impartición en una conferencia llamada «La morada», presentada por Rodney Howard-Browne. Me parece que fue en 1998 que Randy habló en esa conferencia. Allí recibí un tremendo impulso. También fui contagiado de su espíritu misionero y terminé en Brasil. Quedé completamente sorprendido con las reuniones en Curitiba y en Recife. Mientras oraba por cientos de personas, fui testigo de curaciones, señales y maravillas. Dios me utilizó para transferir la unción a muchos. Casi todos los que tocaba testificaban que el dolor había abandonado sus cuerpos.

Una noche en Recife mientras Randy oraba por el grupo, caí al suelo. Mientras estaba en el suelo de la catedral anglicana en la que estábamos, Dios me habló y me dijo que debía llevar equipos a Sudamérica, a dondequiera que Él me abriera puertas. En julio de 2003 mi esposa, nuestro hijo Peter, y yo, pasamos tres semanas en Arequipa, Perú. Allí di clases a nueve estudiantes del seminario y al pastor de una iglesia anglicana sobre la oración de sanación. Planificamos un servicio de sanación, y cincuenta personas asistieron. Muchos fueron curados físicamente.

Tuvimos experiencias similares en reuniones de jóvenes y en prisiones de mujeres, y también en Uganda en el 2001. En Kisoro di clases a treinta pastores anglicanos sobre el ministerio de sanación, y durante cinco días formé parte de un equipo de dieciséis guerreros de oración anglicanos y pentecostales. Así de maravillosa fue mi introducción a la liberación. Un hombre musulmán se acercó y me pidió que orara por él. Me dijo: "En mi cabeza hay un poder, y ese poder trató de echarme al fuego".

Le respondí lo que el Espíritu Santo me dijo: "Un demonio está tratando de echarte al fuego, y solo Jesús puede alejarlo de ti".

El hombre respondió: "Quiero aceptar a Jesús".

Tal vez el mayor milagro que vi fue el una señora mayor por quien oré y que se curó de su sordera. Ella me dijo: "¡Sentí que mis oídos se destaparon, y ahora puedo escuchar!".

Me emociona mucho la manera en que Dios ha usado a Randy para prender en fuego para las misiones a este sacerdote anglicano común y corriente. En el 2006 dirigí dos viajes misioneros a Bolivia. Me siento feliz de poder vivir para ver este día de avivamiento, y de ser parte de este movimiento de Dios para poner a temblar a las naciones (ver Isaías 64).

Johan Escoto
Sudamérica/Suroeste de Estados Unidos.[*]

Yo recibí el bautismo del Espíritu Santo mientras oraba un día en solitario. Durante ese tiempo recibí el llamado para

---

[*] Los nombres y los detalles han sido cambiados.

el ministerio. En 1991 organicé una iglesia bajo un ministerio reconocido. Cuando en 1996 Randy Clark visitó mi país y las iglesias de nuestro ministerio, recibí palabra del Señor a través de él. Un amigo escribió la profecía, la cual aún cargo conmigo. Esto fue lo que escribió: "Dios te ha dado una unción única o específica que tendrá grandes consecuencias. Dios te va a enviar a Estados Unidos y otros países, incluyendo Canadá, con señales y maravillas. Serás un profeta de fuego".

Ese fue el comienzo de una visitación de veinte días por parte del Señor. Un ángel vino con una antorcha en su mano, e hizo que me tragara la antorcha. Mi boca y mi garganta ardieron. Cuando llegó a mi estómago, causó una explosión, y lloré sin parar. Luego durante veintidós días sin poder caminar, y cuando trataba de levantarme el Espíritu me tumbaba de nuevo.

Todo pequeño pecado fue magnificado mil veces. Pasé noches enteras llorando delante de la presencia de Dios, y tenían que sostenerme para poder predicar. La gente en la iglesia comenzaba a caer y luego a reír. La primera noche después que recibí la impartición, una mujer que tenía un brazo enyesado y a la que se le había diagnosticado cáncer en los huesos fue totalmente sanada.

Muchos milagros, señales y maravillas han seguido ocurriendo desde mi impartición. A causa de mi ministerio ahora viajo a través de Estados Unidos y alrededor del mundo para llevar el mensaje del poder salvador, sanador y transformador de Jesucristo, e impartir el fuego de su presencia.

Teresa Seputis
California

Yo he sido cristiana durante muchos años. Acepté a Jesús como mi Salvador a los catorce años, pero nadie me dijo que

Jesús tenía que ser el Señor (o el guía) de mi vida. Como resultado, mi experiencia cristiana al principio no fue muy exitosa ni poderosa, y jamás desarrollé una relación íntima con Dios. Por eso fue que casi a mis treinta años terminé apostatando durante un período de cuatro o cinco años.

No obstante, poco tiempo después de casarme comencé a sentir una sed de Dios. Comencé a ayunar, y mi devoción y mis oraciones cobraron vida. Me inscribí en el Seminario Teológico Fuller para poder dedicarme a tiempo completo al ministerio. Comencé a tener conocimiento profético de las necesidades de las personas, pero nunca había oído hablar del conocimiento profético y no tenía idea de lo que estaba pasando.

En abril de 1994 recibí un correo electrónico sobre una reuniones maravillosas que se estaban llevando a cabo en San Francisco en las que Dios se estaba manifestando de maneras poco comunes. Fui, recibí oración, y tuve un encuentro increíblemente poderoso con Dios. Mi cuerpo comenzó a temblar, y permanecí temblando durante tres horas. Durante ese tiempo Dios no dejó de decirme que confiara en Él. Yo continué asistiendo a las reuniones, y Dios se encontró poderosamente conmigo cada vez. Comenzó a sanarme por dentro, y comencé a sentirme amada y también dispuesta a amar a otros con el amor de Cristo.

Después de esto comencé a viajar a Toronto, donde Randy oró por mí varias veces durante el avivamiento. Cada vez que él oraba por mí, ardía en mi alma una pasión por el trabajo misionero. Randy vino a ministrar a mí iglesia en agosto de 1994, y durante esas reuniones experimenté nuevamente la presencia tangible de Dios.

En 1995 y 1997 fui con Randy y un grupo misionero a Moscú. En ambos viajes vi a Dios hacer milagros asombrosos cuando yo oraba por la gente. Vi a sordos escuchar de nuevo, a personas lisiadas caminar, y en una ocasión vi a Dios regenerar una parte faltante del cuerpo. Había una dama que había perdido sus rodillas como consecuencia de un incendio, y cuando oré por ella, ¡Dios le dio rodillas nuevas! ¡En ese segundo viaje aprendí que Dios realmente sanaría a los enfermos a través de mí!

En julio de 2001 comencé a impartir un taller de sanación en donde la gente aprendía a orar por los enfermos, y verlos curarse. Yo estoy convencida de que Dios quiere que todos en el Cuerpo de Cristo tengan la capacidad de orar y sanar a los enfermos.

En el año 2002 fui despedida de mi trabajo, apenas cinco días antes de irme de viaje a Brasil con Randy. Durante ese viaje ocurrieron cosas muy significativas para mí. Fueron días maravillosos en los que vi obrar el poder y la unción de Dios para sanar como nunca. Sentí que fue un abreboca de lo que podía esperar de Dios en cuanto al ministerio de sanación. Cuando regresé de Belém a mi casa, tuve la convicción de que Dios me estaba sacando del mundo laboral secular para vivir por fe y trabajar a tiempo completo para Él.

No puedo evitar ver a Randy como un padre espiritual, pues Dios lo usó para impartirme y traerme al ministerio. Randy también me ayudó a desarrollar el coraje y la confianza en Dios que necesitaba para poder conducir reuniones de sanación en tantos países alrededor del mundo.

[Nota: Luego de regresar de los viajes a Rusia, Teresa vio crecer su ministerio desde sus humildes orígenes hasta el establecimiento una escuela de adiestramiento de intercesión y profecía por internet llamada GodSpeak International. Miles de estudiantes han recibido adiestramiento en esta escuela, la cual continúa activa. Muchos ha comenzado sus propios ministerios poderosamente a través de ella].

Dayoung Kimn
China

Conocí a Randy Clark en 1995 en una reunión en Langley, Columbia Británica. Al final de la reunión, Randy invitó a los asistentes a orar por ellos. En ese momento mi ministerio en China apenas estaba comenzando. Mi trabajo consistía en visitar las iglesias clandestinas e impartirles conocimiento. Cuando me acerqué a la plataforma, Randy bajó, y yo corrí hacia él y le pedí que orara por mí. Su oración fue muy interesante: "Quiero orar por este hombre que está ministrando a las iglesias en China. Espíritu Santo, ¡llénalo! Le imparto toda la herencia espiritual que he recibido en oración de parte de Benny Hinn, John Wimber...".

No recuerdo los nombres de todas las personas que Randy mencionó, pero me sentí muy bien y bendecido. La semana siguiente estaba de regreso a China. Mientras dirigía una serie de reuniones, les dije a los líderes que quería orar para que todos pudieran hacer más de lo que Jesús prometió que todos podríamos hacer. Invité al Espíritu Santo a que los tocara. No impuse las manos sobre nadie, pero el Espíritu Santo obró a través de estos líderes. Muchos me dijeron que sintieron algo, y que sintieron calor en sus cuerpos.

Una dama de más de setenta años que sirvió en el Ejército Rojo Chino, me dijo más tarde que fue curada de su grave artritis. Durante cuarenta años no había podido dormir bien. Después de la reunión, ella se levantó para ayudar a trabajar a su hija. Luego, salió a ministrarles a sus vecinos y llevarlos a los pies de Jesús. Alguien me dijo que llevó cerca de setenta personas al Señor. Me enteré también de que muchos de los líderes con quienes oré están organizando más iglesias que nunca, y están ganando muchas almas para el Señor.

Esto me hizo pensar en todo lo que representa la impartición. Me puse a meditar en esta palabra, debido a todas las experiencias que he vivido. En el año 2000 comencé un ministerio de nombre Impartation Ministries International, que aún permanece vigoroso y activo.

Dra. Denise Meisburg
Jacksonville, Florida

Todo comenzó un día que asistí a una conferencia con mi amiga Cheryl Schang. Cheryl tenía sus rodillas muy dañadas, y no había operación o terapia que pudiera ayudarla. Los médicos le comunicaron que su movilidad se vería gravemente afectada durante el resto de su vida. Ella creía en la sanación, y muchas veces habían orado por ella, pero aún seguía esperando.

Cuando la conferencia terminó, nos enteramos de que se estaban realizando otras reuniones en un recinto contiguo, así que decidimos entrar. Randy Clark acababa de terminar de predicar y estaba caminando entre las personas para orar por ellas. Cuando Cheryl entró, Randy de repente dijo: "Alguien está siendo sanado de su rodilla". El equipo ministerial de Randy oró por Cheryl y recibió palabras de conocimiento acertadas sobre otros padecimientos físicos que ella tenía, pero no estaban orando por sus rodillas. Ella tenía un problema cardíaco y se sanó, ¡pero no sus rodillas!

Randy seguía preguntando: "¿Quién tiene el problema en las rodillas?".

Nos metimos entre la multitud y llegamos lo suficientemente cerca para que Cheryl le dijera: "¡Soy yo!".

Randy nunca tocó a Cheryl. Más bien, se arrodilló y oró de manera sencilla mientras estaba arrodillado frente a ella: "Jesús, yo soy solo el pollino que tú montas" (con esto quería decir que el poder sanador no provenía de él, sino del Espíritu Santo. Randy se veía como el asna que Jesús montó en domingo de palmas. Él era solo un siervo, y quería que toda la honra de lo que ocurriera fuera dada al Señor).

Mientras Randy oraba, sentí que un viento pasaba a través de nosotras, y Cheryl fue curada instantáneamente. Ella comenzó a saltar y a gritar de regocijo, alabando al Señor. En medio de eso Randy me miró y dijo: "Y tú, vas a formar parte del evangelismo a los judíos en Rusia y Ucrania".

Yo nunca había hablado con Randy, y por lo tanto él no sabía que yo era judía. Su palabra profética marcó un hito en mi vida. Cambió la percepción que tenía de mí misma en relación a mi llamado, más allá de mi papel de esposa, madre y enfermera. Me animó a prepararme y estar lista. Si usted cree en ella y actúa en ella, la palabra profética abre el camino para lo que Dios quiere hacer. Creo que Dios me ha llevado a ser diligente y responsable con esa palabra.

En el año 2003 finalicé un doctorado en consejería con el propósito de entrar en el mercado laboral secular. En el año 2004 mi esposo y yo viajamos a la conferencia Catch the Fire en Toronto. Viajamos desde Jacksonville, Florida, con el propósito de agradecer a Randy la transformación que causó en mi vida su primera oración por mí, hecha casi cinco años antes. Mientras le contaba mi testimonio, él profetizó nuevamente sobre mí, y me dijo que yo tomaría parte en el evangelismo a los judíos a nivel nacional.

Randy no sabía que mi esposo y yo estábamos comenzando a enseñar el programa HaYesod, que consiste básicamente en clases con raíces judías para gentiles. Pero sus profecías influyeron enormemente en ayudarme a asumir el llamado de Dios, a ejercitar la fe para caminar en ese llamado, y a tener la motivación para prepararme para su obra. Yo he tenido el privilegio de ver que lo que creo solo es el comienzo del derramamiento de la gloria de Dios al mundo de los últimos días. Pero ministrar en su poder no consiste únicamente en recibir una profecía o una impartición. Se trata de conocer el corazón de Dios. ¡Usted no podrá hacer uso de su poder a menos que conozca su corazón! Pero esto es algo que requiere tiempo. Ninguna profecía o impartición puede tomar el lugar del tiempo dedicado a Jesús. ¿Desea usted ver su gloria? ¡Dedique tiempo a conocerlo!

Cómo producir frutos para el Reino

Cada una de las historias contadas en las páginas anteriores muestra los frutos de la impartición. A través de las imparticiones recibidas, todos fueron transformados, capacitados y dirigidos por Dios. Ellos luego respondieron llevando a cabo la obra y cumpliendo el destino que Dios les dio. Lo que yo quiero que usted retenga de estas maravillosas historias es el hecho de que Dios puede tomar a personas comunes y corrientes, tocarlas a través de la impartición y alcanzar el mundo. ¡Usted puede ser una de ellas! En el capítulo 8, de nombre: "Revestido de poder: Nadie está a salvo", hablaré más sobre eso. Nadie está a salvo cuando la presencia de Dios llega con su poder.

En el próximo capítulo, sin embargo, quiero subrayar un tipo de impartición muy importante: la impartición para poder "ver" en el mundo espiritual. Esto es clave para poder presenciar mayores milagros y curaciones en su vida o ministerio. Yo mismo estoy pidiendo, buscando y esperando esta impartición.

5

Impartición para ver

La Biblia registra los casos de varias personas que pudieron contemplar el ámbito espiritual. Números 22:31 dice que los ojos de Balaam fueron abiertos con ese propósito. "Entonces el Señor abrió los ojos de Balaam y vio al ángel del Señor de pie en el camino con una espada desenvainada en su mano. Balaam se inclinó y cayó rostro en tierra ante él" (NTV). Los ojos de David también fueron abiertos para que viera el ámbito angélico en 2 Samuel 24:17. "David, al ver que el ángel destruía a la gente, oró al Señor". Y en 2 Reyes 2:9, Elías le dice a Eliseo: "¿Qué quieres que haga por ti antes de que me separen de tu lado?". Y Eliseo le responde: "Te pido que sea yo el heredero de tu espíritu por partida doble". Cuando Eliseo recibió esta doble porción de la unción, parece que vio parte de las huestes celestiales, a los ángeles de Dios llevándose a Elías al cielo. Los ojos del criado de Eliseo también fueron abiertos para que viera en 2 Reyes 6:17: "Entonces Eliseo oró: 'Oh Señor, ¡abre los ojos de este joven para que vea!'. Así que el Señor abrió los ojos del joven, y cuando levantó la vista vio que la montaña alrededor de Eliseo estaba llena de caballos y carros de fuego".

El Nuevo Testamento también registra ocasiones en las que los ojos de varios individuos fueron abiertos para que pudieran ver en el plano angelical. Zacarías, el padre de Juan el Bautista, vio el ángel que se le apareció. María, la madre de Jesús, vio un ángel que le explicó la voluntad de Dios para ella. María Magdalena vio dos ángeles cerca de la tumba de Jesús. Pedro vio el ángel que lo liberó de la prisión. Pablo vio el ángel que se apareció para animarlo durante la terrible tormenta en el mar. En la isla de Patmos Juan recibió la revelación de Jesús a través de un ángel. Él vio el ángel y se postró para adorarlo, pero el ángel le dijo que adorara solo a Dios (ver Lc. 1:11–12, 26–38; Jn. 20:11–12; Hch. 12:4–11; 27:23–24; Ap. 19:10).

El profesor del Nuevo Testamento James D. G. Dunn afirma en su libro *Jesus and the Spirit: A Study of the Religious and Charismatic Experience of Jesus and the First Christians as Reflected in the New Testament* (Westminster Press, 1975), que las visiones y visitaciones angélicas fueron una de las fuentes de autoridad primaria en las vidas de las primeras comunidades de cristianos. Gracias al canon de las Escrituras contamos con el beneficio de una guía objetiva para discernir cualquier experiencia. Ahora bien, es importante que veamos cómo Dios ha seguido comunicándose con su pueblo durante la historia a través de medios de visitación sobrenaturales.

La profecía que recibí el 19 de enero de 1994, la noche anterior de partir hacia Toronto por primera vez, cambió mi vida. Me dio fe para esperar un derramamiento poderoso de Dios, mucho mayor a todo lo que yo había visto en mi vida. Sin embargo, meses después me di cuenta de que yo no había reconocido ni me había apropiado de todo lo que me fue dado a través de esa profecía. Había pasado por alto la parte de la profecía que habla de que yo podría contemplar las cosas espirituales. Como lo mencioné en el capítulo 2, la palabra profética fue: "Pruébame ahora. Pruébame ahora. Pruébame ahora. No tengas miedo. ¡Yo estaré contigo! *Quiero que tus ojos sean abiertos para que veas los recursos celestiales que tengo para ti, así como Eliseo oró para que los ojos de Giezi fueran abiertos.* No te sientas nervioso, porque cuando te pones nervioso no puedes oírme" (énfasis añadido).

Con el tiempo me di cuenta de que había sido cambiado poderosamente por toda la profecía, excepto por la parte que dice que mis ojos serían abiertos. Entonces, durante unos dos años, comencé a recibir otras profecías significativas que contenían el mismo mensaje que había pasado por alto: "¡Dios quiere que veas!". La palabra más significativa la recibí el 15 de octubre de 1996, a través de Ruth Heflin, una sierva ungida y poderosa. En ese momento yo no sabía quién era Ruth Heflin, pero ella vino a Filadelfia donde yo había estado ministrando durante treinta días para comunicarme una palabra del Señor que había recibido para mí en Jerusalén. Esta es una parte de la palabra profética que ella me dio en la Deliverance Evangelistic Church de Filadelfia:

"… Una y otra vez subirás a esta plataforma y tendrás la capacidad de contemplar el ámbito espiritual, *pues he retirado toda escama de tus ojos para que veas esas cosas que has anhelado ver*; tanto lo que está lejos como lo que está cerca. Verás lo que está escondido y lo que está revelado. Verás en cantidades que van más allá de lo que has experimentado hasta ahora. Esta unción sobrevendrá poderosamente sobre ti, para que veas y describas lo que ves, e incluso al proclamarlo veas acontecer milagros, dice el Señor […].

"Tu capacidad para ver producirá un renacimiento de la fe en una medida mayor a la que has tenido, y en una medida mayor a la que has presenciado. *Verás en los lugares celestiales, y proclamarás para que se haga realidad* [...].

"Este es el día, el día del Señor. Este es el día, el día del Señor. Esta es la hora, la hora de la visitación. Este es el momento, el momento de la manifestación. La manifestación de mi Espíritu, la manifestación de mi poder, la manifestación de mi gloria, sí, la manifestación de mi brazo poderoso a través de señales, maravillas y milagros, señales y milagros, milagros y sanaciones. El caudal de sanación fluirá hacia el norte, el sur, el este y el oeste, y abarcará todas las naciones. Un poderoso caudal de sanación, sí, un poderoso caudal de sanación [...].

Como tenía buenos amigos que tenían dones proféticos y que experimentaban visiones, el concepto que yo tenía de contemplar las cosas espirituales estaba un poco distorsionado. El profeta Bob Jones me dijo por teléfono que yo podría verlas, pero que lo haría a través de un "convencimiento" tan fuerte que me llevaría a declarar cosas que luego ocurrirían. Estoy contento con el don de contemplación que tengo, pero también me gustaría tener visiones abiertas e incluso imágenes mentales.

La fe crece a través de la visión. Y esta fe acrecentada es la que hace que tengamos valor para declarar lo que creemos que Dios está a punto de hacer en una reunión. Un texto estratégico en mi comprensión de lo que es actuar en el poder del Espíritu y ver milagros es 2 Corintios 4:13: "Sin embargo, seguimos predicando porque tenemos la misma clase de fe que tenía el salmista cuando dijo: 'Creí en Dios, por tanto hablé'". Creo que el espíritu de fe al que Pablo se refiere aquí tiene que ver con entender lo que Dios está haciendo en el momento. Esta fe que toma riesgos se obtiene al saber lo que está ocurriendo mediante algún don de contemplación o experiencia de Dios. Cuanta más fe haya, más poderosa será la unción en la reunión para sanación, liberación y milagros.

Gary Oates

Gary Oates, uno de mis mejores amigos, ha estado en el ministerio durante más de cuarenta años, y me ha acompañado en más de un viaje a Brasil. Él anhelaba recibir el toque de Dios, su impartición. Con el tiempo su anhelo se convirtió en una necesidad de recibir impartición para poder ver como Jesús ve. Para quienes deseen hacer la voluntad del Padre, el don de "ver" es especialmente deseable. Gary deseaba que sus ojos fueran abiertos para poder contemplar las cosas del ámbito espiritual. A continuación presento algunos extractos de la historia de Gary relacionados con su experiencia en Brasil:

La noche de la primera reunión (en septiembre del año 2000), Randy habló brevemente sobre el valor de la impartición. Luego mandó a los pastores a hacer una fila y comenzó a recorrerla, pidiendo impartición para cada uno. Cuando llegó a donde yo estaba, el poder de Dios me golpeó y yo caí.

Más tarde esa noche, Randy mandó a subir a los pastores de mi equipo para que oraran por los pastores brasileños. Yo subí a orar con ellos. Un pastor brasileño y su esposa subieron y se colocaron frente a mí. Cuando me acerqué a orar por ellos, el poder de Dios los golpeó y salieron disparados hacia atrás. Literalmente se deslizaron por el suelo.

La siguiente persona por quien oré fue un señor mayor. Parecía que no tenía flexibilidad o movilidad en sus piernas, y apenas podía caminar. Cuando oré por sus piernas, el poder de Dios descendió sobre él y fue totalmente sanado. Más tarde oré por otro hombre que se encontraba en las últimas etapas de un enfisema, y aparte de eso tenía un problema auditivo. Dios sanó inmediatamente sus pulmones, y dejó de necesitar su dispositivo de ayuda auditiva.

En el año 2001 hice otro viaje de Global Awakening con Randy a Brasil. Randy nuevamente oró por impartición, y pude ver una cantidad mucho más grande de unciones de sanidad, milagros creativos, y una certeza de la presencia de Dios.

Durante el tercer viaje de Global Awakening en junio de 2002, mi esposa Kathi me acompañó. Ese viaje a Brasil cambió nuestras vidas. Nuestra iglesia parecía que se estaba desmoronando (casualmente en ese momento varias familias clave tuvieron que abandonar la iglesia y la comunidad por transferencias laborales a otras ciudades). Yo estaba desesperado. Necesitaba un toque de parte de Dios. Oré: "Señor, quiero ver más allá de lo natural. Quiero ver a los ángeles. Quiero ver las cosas del ámbito espiritual".

Mis ojos fueron abiertos y pude ver más allá del plano natural hacia el plano espiritual, y pude presenciar el ministerio de los ángeles.

Tuve un encuentro superior con el Señor. Fui llevado ante su presencia, y pude ver al Señor Jesús mientras estaba fuera de mi cuerpo. Durante una hora permanecí mudo en el suelo.

[Nota: Esta experiencia puedo haber sido similar a la que el apóstol Pablo describe en 2 Corintios 12:2: "No sé si en el cuerpo o fuera del cuerpo; Dios lo sabe"].

La siguiente noche, antes de comenzar la reunión, un hombre puso su mano en mi hombro derecho. El poder de Dios de repente se apoderó en mí, y sentí como que moría. Nuevamente quedé paralizado, y grité: "¡Señor, quiero más de ti! ¡Quiero más de ti! ¡Quiero más de ti!".

Instantáneamente fui transportado hacia un lugar celestial, y vi a Jesús de pie al lado derecho de un trono, con un cetro en su mano. Vi la gloria de Dios como jamás la había contemplado, y comencé a gritar: "¡Señor, perdóname! ¡Perdóname!".

Randy más tarde me llamó a la plataforma para que explicara lo que me había ocurrido. Como no podía hablar, Kathi tomó el micrófono y lo explicó un poco. Al hacerlo, el Espíritu de Dios fue derramado en el lugar. La gente comenzó a llorar; y algunos se postraban sobre sus rostros en señal de arrepentimiento. Dios estaba obrando de manera espontánea pero milagrosa en aquella iglesia.

Randy les pidió a los miembros del equipo que me levantaran los brazos y que los colocaran sobre las cabezas de cada pastor. Apenas mis manos tocaban la cabeza de un pastor, este era arrebatado en el Espíritu. Más tarde cuando finalmente pude levantarme, comencé a orar por los presentes. Se formó una larga fila, y casi todos aquellos por quienes oraba testificaban que se habían curado.

En ese mismo viaje a Brasil, a pesar de que Kathi había ido a regañadientes, tuvo una visión en la que fue llevada delante del trono de Dios en el cielo. En cuestión de días, fue lanzada a un nuevo plano de declaraciones proféticas y comenzó también a ver ángeles. Nuestras vidas jamás serían las mismas.

No hay duda de que la impartición jugó un rol clave en las experiencias que Kathi y yo tuvimos. Gracias a las imparticiones que recibimos, nuestras vidas y nuestro ministerio han tenido una transformación radical.

Contemplación y dones de revelación

A través de múltiples ejemplos tomados de las Escrituras, y de testimonios como el que acabo de compartir del pastor Gary Oates, queda claro que Dios concede dones de revelación que pueden permitir que uno pueda literalmente "ver" en el plano espiritual. Sin embargo, también hay instancias en las Escrituras en donde ver se entiende como percibir. Jesús acusó repetidamente a sus detractores de que tenían ojos para ver, pero no veían. En este contexto, ver se está refiriendo a un entendimiento del significado de lo que Dios está haciendo a través de las obras de Jesús. Se refiere a la capacidad de saber cuál es el propósito de Dios en un momento o situación determinados. Este entendimiento se recibe a menudo a través de dones de revelación, como el don de profecía, palabras de conocimiento, palabras de sabiduría o discernimiento de espíritus.

En el discurso de Jesús en el aposento alto encontramos una conexión clara entre las revelaciones que da el Espíritu Santo y la ejecución de las obras sobrenaturales de Dios. En Juan 14:10–14, Jesús les dice a sus discípulos que el Padre está en Él, y que Él está en el Padre. Les dice que el Padre que vive en Él es quien obra y le da las palabras que dice. Luego Jesús les dice a los discípulos que todo el que tenga fe en Él podrá hacer lo que Él ha hecho, *porque* Él debía volver al Padre. Esta última era una referencia a su crucifixión, resurrección, y ascenso a su Padre en el cielo. Esto era necesario para el derramamiento del Espíritu Santo (ver también Jn. 7:37–39). Este nuevo papel del Espíritu Santo bajo el nuevo pacto sería lo que haría posible que los creyentes hicieran "cosas todavía mayores" que las que él hizo (John 14:12, TLA). La razón que Jesús dio para hacer "cualquier cosa que ustedes pidan en mi nombre" fue "para que el Padre sea glorificado en el Hijo" (v. 13, RV60). Por eso fue que Jesús nos dijo: "Lo que pidan en mi nombre, yo lo haré" (v. 14).

Ahora, si usted se pregunta cómo puede comenzar a hacer estas "cosas todavía mayores", debe comenzar por Juan 14:15, donde encontramos la respuesta enraizada en el amor por Jesús. Este amor se manifiesta en la obediencia a sus mandamientos.

En esta condición Jesús le pide al Padre que nos envíe a otro Consejero, el *Parakletos*. Jesús les dijo a los discípulos que este Consejero, el Espíritu Santo, ya vivía con ellos, pero que estaría en ellos (ver v. 17). La unidad del Espíritu Santo con Jesús es similar a la unidad de Jesús con el Padre. Es una unidad tal, que recibir al Espíritu Santo es recibir a Jesús. Jesús les dice literalmente en el versículo 18: "Volveré a ustedes".

Jesús nos da luego una clave para recibir la revelación: Podremos "ver" si recibimos de manera continua al que "todo lo ve". La revelación nace de la intimidad, y la intimidad está conectada con el amor que se manifiesta a través de la obediencia. Jesús afirma que quien obedece por su amor será amado y recibirá la manifestación de Jesús. "¿Quién es el que me ama? El que hace suyos mis mandamientos y los obedece. Y al que me ama, mi Padre lo amará, y yo también lo amaré *y me manifestaré a él*" (Jn. 14:21, itálicas añadidas).

De esta intimidad producto de la obediencia y de permanecer en la Vid que es Jesús, nosotros, que somos la ramas, daremos "mucho fruto" (Jn. 15:5). Y gracias a esta relación perdurable es que nosotros, y no solo los doce discípulos, podremos dar mucho fruto. "Si permanecen en mí y mis palabras permanecen en ustedes, pidan lo que quieran, y se les concederá" (v. 7).

Nuevamente, el resultado de que seamos fructíferos es glorificar al Padre. Al llevar mucho fruto, estaremos glorificando al Padre y mostrando que somos discípulos de Jesús (ver v. 8). Yo creo que cuando recibimos revelaciones de Jesús estas revelaciones producen una fe tan grande que nos inspira el arrojo para hablar. Cuando hablamos en la fe producimos "mucho fruto" que revela que somos discípulos de Jesús. En esto es que las palabras de Pablo en 2 Corintios 4:13 y las palabras de Jesús en Juan, capítulos 14 al 16 encajan. Esta idea queda más clara en Juan 15:14–16:

"Ustedes son mis amigos si hacen lo que yo les mando. Ya no los llamo siervos, porque el siervo no está al tanto de lo que hace su amo; los he llamado amigos, porque todo lo que a mi Padre le oí decir se lo he dado a conocer a ustedes. No me escogieron ustedes a mí, sino que yo los escogí a ustedes y los comisioné para que vayan y den fruto, un fruto que perdure. Así el Padre les dará todo lo que le pidan en mi nombre".

La revelación produce frutos porque produce fe. La revelación es descrita aquí con la frase: "Todo lo que a mi Padre le oí decir *se lo he dado a conocer a ustedes*" (itálicas añadidas). Esta revelación es producto de la relación entre nuestra condición de hijos en adopción y el amor revelado a través del conocimiento de su Palabra y de nuestra obediencia a ella.

Jesús dice más sobre la promesa de la revelación en Juan 16:12–15:

"Muchas cosas me quedan aún por decirles, que por ahora no podrían soportar. Pero cuando venga el Espíritu de la verdad, Él los guiará a toda la verdad, porque no hablará por su propia cuenta sino que dirá solo lo que oiga y *les anunciará las cosas por venir. Él me glorificará porque tomará de lo mío y se lo dará a conocer a ustedes*. Todo cuanto tiene el Padre es mío. Por eso les dije que el Espíritu tomará de lo mío *y se lo dará a conocer a ustedes*" (itálicas añadidas).

Si ver lo espiritual, en el sentido de percibirlo, es clave para producir mucho fruto, debemos desear entonces poder contemplar mejor el ámbito espiritual y las verdades espirituales. Yo tengo más de cuarenta y un años en el ministerio, y he discutido este asunto con otros que igualmente han estado en el ministerio durante más de cuarenta años. Todos afirman que cuando lograron tener la capacidad de contemplar lo espiritual, en el sentido de percibirlo, su fe tuvo un impulso. Ahora, si hay quienes pueden ver literalmente lo que ocurre en el plano espiritual a través de algún don, ¿no sería más sabio desear poder ver literalmente el plano espiritual como una mejor parte del don, mostrándonos obviamente agradecidos por la manera en que Dios ya nos ha concedido esa percepción?

Voy a tratar de explicarlo de otra manera. Digamos que yo ahora puedo ver (percibir) durante una reunión lo que Dios desea "sintiendo" en mi cuerpo cuáles son las enfermedades que Él quiere curar. Esta es la manera en que el don de palabra de conocimiento funciona generalmente conmigo. Yo también "sé" cuáles son las instrucciones de Dios para una situación determinada a través de impresiones que pone en mi mente. Sé que una mayor certeza produce una fe mayor; y cuanto más clara sea la percepción, mayor será la certeza.

Quiero invitarlo a que desee y anhele conmigo alcanzar un mayor grado de intimidad con Dios, así como la humildad necesaria para suplicar por ese nivel de revelación mayor. Ya no me satisface aprender más de Jesús. Sé que es posible escuchar su voz de manera audible, y experimentar lo mismo que relata el profeta en Isaías 6; y al igual que Juan al comienzo del libro de Apocalipsis, ver a Jesús en su estado glorificado.

Aunque este es mi gran deseo, igualmente deseo poder ver el Reino de Dios. Deseo poder ver las cosas desde su punto de vista, y ver a los seres celestiales intercediendo a nuestro favor. Tengo la certeza de que actualmente Dios está confiriendo imparticiones para tener esta capacidad de poder ver las cosas espirituales de las maneras que he descrito. Yo espero poder recibir más en ese sentido.

PARTE 3

Evangelismo y misiones

El factor poder

"Pero cuando venga el Espíritu Santo sobre ustedes, recibirán poder y serán mis testigos tanto en Jerusalén como en toda Judea y Samaria, y hasta los confines de la tierra".

— *Hechos 1:8*

"No les hablé ni les prediqué con palabras sabias y elocuentes sino con demostración del poder del Espíritu, para que la fe de ustedes no dependiera de la sabiduría humana sino del poder de Dios".

— *1 Corintios 2:4, 5*

6

¿Por qué son necesarias las imparticiones? ¿Para qué señales y maravillas?

El verdadero cristianismo depende de una sólida teología de la presencia de Dios. La vida cristiana se basa en una relación personal con el Dios viviente, cuyo mayor deseo es que lo conozcamos a Él como Él nos conoce a nosotros (ver 1 Co. 13:12). Él revela su corazón, sus pensamientos y sus propósitos a quienes establecen una relación estrecha con Él. A pesar de que es invisible, podemos sentirlo, escucharlo, y verlo; a veces a través de visitaciones; a veces por medio de su efecto, así como vemos el efecto del viento pero no podemos ver el viento.

Si usted extrae los elementos de la experiencia y la revelación, se quedará sin religión. Tal vez tendrá un admirable sistema de ética y de normas, pero no una relación con Dios. En la Biblia, la única autoridad en cuanto a la revelación, encontramos los diferentes medios mediante los cuales Dios desea revelarse ante nosotros. Entre ellos están la realización de milagros, las sanaciones, los sueños y visiones, la palabra profética, y la manifestación de otros dones del Espíritu. Lamentablemente, aquellos que descartan estos vehículos mediante los cuales Dios se revela, argumentando que ya estos han cesado, están descartando una parte valiosa y dinámica de la relación con Dios.

Nuestro Dios tiene un enorme deseo de revelarse a sí mismo. En Isaías 65:1, el profeta Isaías nos dice que Dios se revela incluso a aquellos que no lo están solicitando ni buscando. Romanos 1:20 dice que toda la creación sirve para revelar su poder eterno y su naturaleza divina. El Evangelio de Juan nos dice que el Espíritu Santo es enviado a los creyentes para que revele los planes y pensamientos de Dios. David, bajo la inspiración del Espíritu Santo, oraba frecuentemente pidiendo que la gloria de Dios fuera revelada entre las naciones. A lo largo de las Escrituras Dios promete "mostrar" o "revelar" su gloria (ver Jn. 1:14). Jesús vino para que pudiéramos ver la gloria de Dios como "luz que ilumina a las naciones y gloria de tu pueblo Israel" (Lc. 2:32).

El pueblo de Cristo tiene la encomienda de impulsar la revelación de Dios en este mundo (ver 1 Jn. 4:17). No debe sorprendernos entonces ver avivamientos acompañados de demostraciones del poder y la gloria de Dios. Incluso los dones y manifestaciones del Espíritu Santo palidecen en comparación a esos momentos en los que Dios escoge "rasgar los cielos y descender" en su gloria. Su gloria produce muchas más curaciones e imparticiones poderosas que todos sus dones juntos.

¡Esto se ajusta al deseo expreso de Dios de revelarse a sí mismo! Quienes piensan que Dios se ha aplacado a través de los años, o que se ha escondido detrás de las nubes hasta el regreso de Jesús, realmente no entienden la pasión que Dios tiene por atraer a la gente a través de la revelación de su gloria.

¿A qué nos referimos exactamente con "la gloria de Dios"? Moisés le pidió a Dios: "Te ruego que me muestres tu gloria" (Éx. 33:18, RV60). Tal vez Moisés esperaba que Dios abriría los cielos con rayos y truenos, o que se apareciera sobre la zarza ardiente y prendiera en fuego la montaña. Pero no ocurrió así. Más bien, Dios le respondió a Moisés: "Haré pasar *todo mi bien* delante de tu rostro, y proclamaré el nombre de Jehová delante de ti" (v. 19, RV60, itálicas añadidas). Dios mismo define aquí su gloria, la cual consiste en su carácter y su y su naturaleza expresados en los nombres que constituyen su gloria. Al pasar por en frente de Moisés, proclamó su compasión, su gracia, su amor abundante, su voluntad para perdonar y su justicia perfecta.

¿Cómo revela Dios su gloria en el mundo? La Biblia contiene dieciocho categorías de instancias en las que es mencionada la gloria de Dios. La más numerosa es sin duda la de los milagros y sanaciones. En este sentido, se menciona la manifestación de la gloria de Dios en treinta ocasiones a través de señales, maravillas y milagros. Basados en este dato, podemos decir que la manera principal en la que Dios revela su gloria es a través de señales, maravillas y milagros.[1]

Esto nos da una nueva perspectiva de lo que le estamos pidiendo a Dios cuando cantamos: "Glorifícate, glorifícate". Estamos pidiéndole que revele su poder en nuestro medio. Estamos pidiéndole que su poderosa naturaleza obre entre nosotros. Estamos pidiéndole que revele su naturaleza según se expresa en su nombre del pacto: Jehová Rafa, el Señor sana. ¡Estamos pidiéndole una revelación de la bondad de Dios! ¡Esto es muy importante en un mundo en el que muchos ven a Dios como un ser distante, desinteresado, injusto, airado, o simplemente inexistente!

Esto también le da un nuevo significado a la frase: "No toques la gloria de Dios". ¿No estamos de alguna manera adueñándonos de la gloria de Dios cuando nos aferramos a una visión cesacionista de la actividad continua de Dios en este mundo?

La primera vez que encontré una conexión entre la gloria de Dios y las demostraciones de su poder fue en el Evangelio de Juan. La primera conexión está en Juan 2:11: "Esta, la primera de sus señales, la hizo Jesús en Caná de Galilea. Así reveló su gloria, y sus discípulos creyeron en él".

Jesús entendía que el milagro de la resurrección de Lázaro sería realizado para la gloria de Dios: "Cuando Jesús oyó esto, dijo: 'Esta enfermedad no terminará en muerte, sino que es para la gloria de Dios, para que por ella el Hijo de Dios sea glorificado'" (Jn. 11:4). Este pasaje nos enseña que tanto el Padre como el Hijo fueron glorificados por este milagro. Jesús creía que al presenciar la resurrección de Lázaro, los discípulos y los demás testigos estarían de hecho viendo la gloria de Dios. Entonces Jesús dijo: "¿No te dije que si crees verás la gloria de Dios?" (Jn. 11:40).

Juan revela en su Evangelio que a pesar de que los fariseos y los escribas habían presenciado los milagros de Jesús, aún no creían. La Biblia es clara en que la manera principal en que Dios revela su gloria es a través de señales y maravillas, curaciones y milagros. La única cosa que podría compararse con esto es la nube diurna y la columna de fuego nocturna del Éxodo. Yo por supuesto no estoy hablando de adjudicarnos la gloria por lo que Dios ha hecho; pero esa no es la única manera en que tocamos su gloria. Pablo y Juan usaron la *gloria* y el *poder* como *sinónimos*. Glorificamos a Dios al producir mucho fruto (ver Jn. 14–16). Es la voluntad de Dios que hagamos lo que hizo su Hijo, e incluso cosas mayores, a fin de darle gloria.

Me resulta irónico que muchas personas expresan en su teología una enorme preocupación por la gloria de Dios, pero pasan por alto este aspecto de soberanía tal como fue revelado en el Hijo de Dios. Jesús afirmó explícitamente que la voluntad de Dios para nosotros es que lo glorifiquemos, y esto es algo que está íntimamente relacionado con hacer las obras que el mismo

Jesús hizo. Este tema del Padre y el Hijo siendo glorificados y su gloria revelada a través de señales y maravillas está expresado de manera clara en el discurso del aposento alto, registrado en Juan capítulos 14 al 16, y en la oración sacerdotal de Jesús en Juan 17. Jesús enseña que Él responderá las oraciones que hagamos en su nombre y, al hacerlo, *el Padre será glorificado*.

Cuando los siguientes textos de las Escrituras son leídos en contexto, no queda duda de que las "cosas mayores" a las que se refiere representan manifestaciones de poder, señales, maravillas, sanaciones y milagros. "Como yo voy a donde está mi Padre, ustedes harán cosas todavía mayores de las que yo he hecho" (TLA). Es claro que el texto de Juan 14:12 no se está refiriendo a cuestiones morales o de ética, sino a actos carismáticos hechos a través de dones carismáticos, solo posibles por el ministerio futuro del Espíritu Santo. Juan 14:13–14 continúa: "Cualquier cosa que ustedes pidan en mi nombre, yo la haré; así será *glorificado el Padre* en el Hijo. Lo que pidan en mi nombre, yo lo haré" (Itálicas añadidas).

Jesús ve la gloria del Padre conectada de alguna manera con nuestros frutos. En Norteamérica se hace mucho hincapié en los "frutos del Espíritu", pero Jesús también habló de los frutos en el contexto de la obra poderosa del Espíritu Santo realizada a través de los discípulos. Los "frutos" no se limitan a la descripción de Gálatas 5 (amor, gozo, paz, etc.), sino que incluyen también sanaciones, liberaciones, y milagros. Esta es la naturaleza de los frutos en Juan 15:8: "Mi Padre es glorificado cuando ustedes dan mucho fruto y muestran así que son mis discípulos".

El concepto judío del Nuevo Testamento del discipulado en los tiempos de Jesús era que el discípulo se volviera como el maestro, no solo en sus enseñanzas, sino en sus actos. Jon Ruthven, profesor emérito de Teología Práctica y Sistemática en la Escuela de Divinidades de la Universidad Regent, afirma que Jesús continúa edificando su iglesia e impulsando su Reino a través de sus discípulos, y de los discípulos de los discípulos, respondiendo sus oraciones y capacitándolos para que sean discípulos verdaderos.[2]

Cuando consideramos cuán importante era el poder de obrar milagros, curaciones y liberaciones en el concepto que Jesús tenía de cómo Él y el Padre son glorificados; así como la comisión de Jesús a los doce, los setenta y dos, y a aquellos que creyeran el mensaje; no podemos subestimar la prioridad que Jesús dio al ministerio de la expansión del Reino a través de las palabras y obras que Él modeló para sus discípulos. Él modeló todas esas cosas para que ellos entendieran la naturaleza del Reino de Dios. El evangelio del Reino de Dios no consistiría solo en palabras, sino que sería una demostración de poder, como afirma Pablo en 1 Corintios 2:4–5: "No les hablé ni les prediqué con palabras sabias y elocuentes sino con demostración del poder del Espíritu, para que la fe de ustedes no dependiera de la sabiduría humana sino del poder de Dios".

Permítame respaldar lo que digo citando un texto de la sección "Implicaciones y conclusiones" del libro *On the Cessation of the Charismata*, de Jon Ruthven. Ruthven hace un excelente trabajo al expresar lo que a mi juicio es el corazón del Padre para la iglesia, especialmente como lo expresó el padre al hermano mayor en la parábola de hijo pródigo, donde el Padre dice: "Hijo mío, tú siempre estás conmigo, y todo lo que tengo es tuyo" (Lc. 15:31, DHH).

"El frecuente fracaso en responder al mandamiento de manifestar el Reino de Dios con poder es compartido por la mayoría de los creyentes "carismáticos" y no carismáticos. Ambos grupos forman su teología y la práctica de ella según su propia experiencia o inexperiencia, en vez de basarla en una percepción fresca y radical (en el sentido original del "regreso a las raíces") de las Escrituras. La presencia o ausencia de ciertos dones carismáticos en la experiencia personal no prueba absolutamente nada sobre nuestra situación espiritual o nuestro destino".[3]

Aquí Ruthven cita Mateo 7:21–22: "No todo el que me dice: 'Señor, Señor', entrará en el reino de los cielos, sino solo el que hace la voluntad de mi Padre que está en el cielo. Muchos me dirán en aquel día: 'Señor, Señor, ¿no profetizamos en tu nombre, y en tu nombre expulsamos demonios e hicimos muchos milagros?'". Continúa diciendo que ningún carismático o no carismático es más o menos salvo que otro. Todos son pecadores, justificados únicamente por la gracia.

No obstante, Ruthven señala que el Nuevo Testamento ofrece un patrón sobre cómo debe ser presentado, recibido y vivido el evangelio: "Nosotros no podemos tratar de enmarcar nuestras fallas como virtudes—dice—permitiendo que lo que el Nuevo Testamento describe como 'incredulidad' en los dones de Dios sea interpretado como la escogencia de 'un mejor camino' sin estos dones que requiere de una 'fe mayor'".[4] En el caso de los rabinos de los días de Jesús, Ruthven señala que su conocimiento bíblico intelectualizado los llevó al cesacionismo y provocó la respuesta de Jesús: "Ustedes andan equivocados porque desconocen las Escrituras y el poder de Dios" (Mt. 22:29).

Otro punto importante que Ruthven señala es que la extrema división actual sobre los dones del Espíritu se origina en una premisa sostenida en ambos lados del debate: el evidencialismo.

Siempre habrá conflictos cuando los dones espirituales son presentados como pruebas del estado o la realización espiritual, en vez de ser usados como herramientas para servir humildemente a los demás. Una tentación común es la de "usar el conocimiento y el poder espiritual para certificar nuestro encumbrado estado religioso, en vez de usarlos para representar la gloria, la obediencia y el servicio a Dios".[5] Ruthven mantiene que aunque los dones espirituales son armas poderosas contra el reino de las tinieblas, estos pueden herir y destruir al pueblo de Dios cuando son mal aplicados a través de polémicas evidencialistas. Concluye diciendo:

> Los carismas, por lo tanto, reflejan la naturaleza propia de Dios, que no comparte su gloria con otros. De igual manera, Dios es un Espíritu poderoso, "que no cambia". Si la Iglesia ha "comenzado con el Espíritu", no tratemos de cambiar los métodos de Dios tratando de completar nuestro curso en la debilidad de la carne humana. Así como el placer del Padre es dar "cosas buenas a los que le pidan", también debemos gozarnos en recibirlas con humildad.[6]

En los días de Jesús y de los primeros discípulos, el poder para realizar señales, maravillas, curaciones, milagros, y liberaciones no solo tenía el propósito de autenticar el mensaje, sino que era la expresión del mensaje. Las señales y maravillas no solo se realizaban para validar las buenas nuevas, ¡eran un elemento vital de las buenas nuevas! Dicho de otra manera, los milagros no son tanto para revelar doctrina sobre Dios, sino para revelar la naturaleza de Dios. Dios no ha cambiado, ni tampoco el mensaje del evangelio. Dios actúa con poder, señales y maravillas; sanando a los enfermos, liberando, multiplicando los alimentos para los hambrientos, y resucitando muertos, primeramente por esta razón: ¡Él es bueno!, y es su deseo revelar toda su bondad, su gloria, en toda la tierra.

Ministerios en acción

Uno de los desarrollos más emocionantes de este movimiento de renovación y su consiguiente ola misionera es ver a Dios invadiendo la tierra con una revelación fresca y poderosa de su gloria entre las naciones. Dios se está dejando ver, escuchar y sentir en maneras de las que muchos solo han escuchado de la Biblia. Jesucristo, que es el mismo ayer, hoy, y siempre, nos está recordando que cada página de la Palabra de Dios sigue siendo válida en el presente porque Él, que es la Palabra viva, no ha cambiado.

Personalmente creo que estamos viviendo la gracia del derramamiento de su poder porque estamos muy cerca de los últimos días, los días de la cosecha final. Creo que unos pocos ministerios en particular encarnan lo que Dios está haciendo en estos últimos días en la tierra. Ya en el capítulo 4 le presenté a Rolland y Heidi Baker de Iris Ministries. Permítame presentarle ahora al fundador de Global Missions Awareness, Leif Hetland, cuya historia relataré. También quiero presentarle a Steve y Christina Stewart de Impact Nations, y a Stacy y Casey Long de Catch the Fire USA, quienes le contarán su historia con sus propias palabras. A través de sus ministerios, estos creyentes comparten señales de amor y maravillas de compasión con todos los que tocan.

Leif Hetland, Noruega/Alabama

Leif Hetland, un cristiano de cuarta generación criado en Stavanger, Noruega, se rebeló cuando apenas tenía trece años. Su rebeldía lo llevó al alcohol y las drogas, y tuvo que soportar el frío y el hambre implacables de las calles durante varios años antes de regresar a su casa con su familia destruido y confundido. Libraba una lucha en su corazón con asuntos espirituales no resueltos, y se sentía incapaz de liberarse del yugo de la adicción. Leif vivió una doble vida hasta una noche de enero de 1985. En medio del sufrimiento de la desintoxicación, gravemente enfermo, y con fiebre alta, Leif experimentó la presencia tangible de Dios de una manera poderosa. La enfermedad y la fiebre desaparecieron completamente, además de la adicción. Pero por sobre todo, Leif experimentó el "don del perdón". La amargura, el resentimiento y la rabia se desvanecieron de su corazón. El perdón y la aceptación dejaron de ser solo doctrinas, y se convirtieron en revelaciones del corazón experimentadas a través del toque soberano de Dios. Uno de los temas en los que Leif hace hincapié en su ministerio es la verdad de que "Dios no nos trata de acuerdo a nuestro pasado, sino de acuerdo a nuestro destino".

En 1989 Leif se casó y se graduó en la Universidad Luther Rice en Georgia. Comenzó a trabajar como pastor en una iglesia presbiteriana, y luego regresó a Noruega para trabajar en una iglesia bautista. Los años siguientes Leif fue un "carismático de armario", pero dejó de practicar lo que creía por miedo a dañar su reputación o su iglesia. Para 1994 ya era el típico pastor esmerado y agotado que vive para Dios y no que vive de Dios.

En mayo de 1994 uno de los ancianos de la iglesia de Leif lo invitó a viajar a Inglaterra para reunirse con algunos pastores que había estado en Toronto. Durante estas reuniones, Leif recibió oración y palabras proféticas, y Dios inició en él un profundo proceso de sanación. Leif y sus amigos regresaron a Noruega, donde descubrieron que durante su estadía en Inglaterra habían recibido la impartición de una unción. La renovación surgió inmediatamente en su iglesia, y muchos experimentaron curaciones asombrosas. Un día, mientras Leif estaba fuera del país, uno de los ancianos influyentes de la iglesia, molesto por algunos excesos de los dones, comenzó a enseñar que estos no eran de Dios. Como resultado, la renovación en su iglesia se extinguió.

En 1995 fui a Noruega a encontrarme con un grupo de cien pastores en la Iglesia de la Misión Haugesund. Cuando Leif pasó al frente para orar, le profeticé: "Tú eres una topadora [...] abriendo paso en áreas que aún no han sido tocadas. Veo a una multitud saliendo de la oscuridad y siguiéndote hacia la luz".

Leif terminó la oración en el Espíritu, y lloró de dos horas y media a tres horas. Él sabía que una transferencia de unción había ocurrido. Después de esa reunión, Leif llevó a cabo dos asambleas por sí solo en las que presenció un significativo aumento en las sanidades y salvaciones, a pesar de que no cambió nada en sus métodos. Anteriormente, que alguien se sanara era como ganarse la lotería. Estupendo, pero raro. Ahora la *norma* es ver a la gente sanarse tanto física como emocionalmente a través de palabras proféticas.

"Antes —cuenta Leif—, oraba por los enfermos, pero en realidad no esperaba que Dios hiciera mucho. Mi actitud era: 'Bueno, Dios es soberano'. Ahora que el llamado de Dios ha sido liberado en mi vida tengo una expectativa completamente diferente. Realizamos una "semana de gloria" poco tiempo después de la impartición de Randy en la que todas las personas por las que oré se sanaron, los adictos fueron liberados con un simple toque, y todos los dones del Espíritu operaron a través de mí. ¡De hecho daba miedo! Yo pensé que me estaba volviendo loco porque veía a las personas a través de los ojos de Jesús y podía sentir su dolor cuando los tocaba. Esto último no lo he vuelto a experimentar, pero creo que Dios me dio una prueba de la manera en que se supone que debe ser la vida cristiana normal cuando andamos en la plenitud el Espíritu".

Leif se olvidó de mi profecía durante casi año y medio; y en ese tiempo se lastimó gravemente el cuello en un accidente en una piscina y también su espalda en un accidente automovilístico. Estuvo entrando y saliendo del hospital durante dieciocho meses. En ese tiempo que pasó en cama, el Espíritu Santo le recordó mis palabras. Comenzó a sentir una inmensa carga de origen sobrenatural por los habitantes del mundo que aún no han sido alcanzados. ¡Solo en los países árabes hay setenta millones de personas que jamás han oído hablar de Jesús! Supo que debía ir a donde nadie más había ido.

A finales de 1996, Bjornar Heimstad, un amigo de Leif, invitó a Leif a viajar a Pakistán. Como confirmación de mi palabra profética, ese fue el principio de muchos viajes a Pakistán, en donde Leif presenciaría miles de miles de sanaciones y de corazones entregados a Jesús. Por la gracia de Dios Leif ha viajado hasta ahora a setenta y seis países, muchos de ellos musulmanes, y otros comunistas.

"Sé que Dios me está tratando de acuerdo al destino que escogió para mí, y no de acuerdo a mis méritos —dice Leif—. Él me garantizó una consideración sin precedentes por parte de los funcionarios de estos países, líderes religiosos, e incluso de sus presidentes. ¡Él es el único que puede abrir puertas que nadie más puede cerrar! Yo he sido testigo de cualquier milagro que usted pueda imaginar: tumores que desaparecen, milagros creativos en los que partes del cuerpo son regeneradas, ciegos que recobran la visión, etcétera. ¡Dios está revelando su gloria! A través de la revelación de su gloria, su bondad, y su compasión, cientos de miles están llegando a los pies de Cristo en áreas que están oficialmente cerradas al evangelio".

En el año 2000 el ministerio de Leif dio un giro inesperado. Para ese momento había sido obligado a renunciar a la Iglesia Bautista en Estados Unidos, principalmente por su asociación con la Bendición de Toronto. Afectado y dolido, Leif asistió a un fin de semana de padres e hijos en el que grupo de pastores invitados incluía a Jack Taylor, Charles Carrin, y el líder de adoración Dennis Jernigan. Dennis se acercó a Leif y le ofreció orar por él. Dennis terminó cantando "La canción del Padre" con Leif, mientras el Espíritu Santo derramaba lo que Leif llama un "bautismo de amor".

"Todo mi mensaje cambió ese día—afirma Leif—. Mi Abba Padre se me reveló, me sanó de mi espíritu huérfano, y recibí el 'espíritu de hijo en adopción'. Aprendí que mi herencia es algo que recibo, no algo que debo ganar. Mi Padre me estaba entregando las naciones, no por algo que yo había hecho, ¡sino porque soy su hijo! Regresé de se fin de semana transformado. Ahora mis acciones estaban movidas por el amor, y no por compromiso. ¡Pregúntele a mi esposa y mis hijos!".

En los últimos once años Leif ha capacitado a miles de pastores, la mayoría en áreas del mundo cerradas y hostiles. Todas las semanas recibe cartas de aquellos a quienes les transfirió la impartición que recibió de parte mía. Explica: "Orar por la impartición es como estar impregnado por lo que el Espíritu Santo está provocando y que hará que ocurra".

El mensaje de Leif es claro. Amar, el mayor de todos los mandamientos, debe estar antes de la gran comisión, que es actuar. "Yo me he apartado de la 'obra' del ministerio, y ahora solo me dedico a jugar con mi Papá celestial. ¡Lo hermoso es que ahora estoy viendo más frutos que nunca! Dios es amor, y cuando su amor es liberado, la restauración llega en todos los sentidos".[7]

El ministerio de Leif ha sido un conducto maravilloso de la gloria de Dios. Las señales, maravillas, y milagros obrados a través de él, y la Palabra proclamada por él, han revelado la bondad de Dios ante casi un millón de personas en Pakistán, Filipinas, Cuba, y muchos otros países alrededor del mundo durante los últimos años. Si usted multiplica eso por la manera en que Dios está obrando a través de todos los "hijos" espirituales de Leif (que son mis nietos espirituales), podrá tener una pequeña vislumbre de cómo Dios está derramando su Espíritu en estos últimos días.

Pero Leif no es el único. Steve Stewart me narró la siguiente historia maravillosa relacionada con la impartición y sus frutos. A continuación la historia narrada con sus propias palabras:

Steve Stewart
Vancouver, Columbia Británica

En 1994 yo estaba pastoreando la Cambridge Vineyard cerca de Toronto. Cinco días después del inicio de la renovación, John Arnott me llamó para que fuera a ver lo que estaba ocurriendo en la Toronto Airport Christian Fellowship [llamada para ese entonces Toronto Airport Vineyard (La Viña)]. Durante la adoración yo estaba en la parte de atrás del auditorio, un poco asombrado por lo que estaba ocurriendo. De repente, vi a John haciéndome señas para que me acercara al frente a ver algo que estaba ocurriendo. ¡Cuando llegué encontré a dos de mis cuatros hijos, de nueve y diez años, tirados en el piso temblando! ¡Mi hijo de doce años estaba profetizando sobre ellos! Yo no tenía marco de referencia alguno para esto. La reacción en mi mente fue: **Nosotros somos buenos presbiterianos, ¡y no hacemos esta clase de cosas!**

John llamó a todos los pastores a pasar a una habitación en la que él y Randy orarían por nosotros. Ahora, en La Viña no creían en este asunto de "caerse", pero cuando el poder de Dios bajó, todos nos caímos. Al cabo de unos dos minutos me levanté, miré a los pastores con frialdad, y le pregunté a John: "¿Qué ocurrió?". John tenía irritada su garganta, yo me ofrecí a hacer una simple oración por él, y estiré mi mano para tocar su cuello. Más tarde algunos de los presentes narraron lo que vieron. Cuando toqué a John, cuentan que fue como el choque de dos bolos de bolera. Ambos salimos disparados varios metros en direcciones opuestas.

Permanecí en el lugar en el que caí desde las nueve de la mañana hasta la una de la tarde. ¡Durante esas horas todo cambió para mí! Mientras estuve en el piso el poder de Dios me fue impartido en ondas de electricidad y de luz. No podía levantarme. No podía hablar. Carol Arnott y alguien que no conozco me levantaron y comenzaron a poner mis manos sobre los demás. Apenas lo hacían, las personas explotaban en diversas manifestaciones. ¡Esto me sorprendió!

El día siguiente ya estaba un tanto calmado, y me reuní con mi equipo en la oficina de la iglesia. Nadie pudo trabajar. Simplemente comenzamos a adorar a Dios. A lo largo del día,

cuando la gente se acercaba a la oficina desde el estaciona-
miento, de repente caía y comenzaba a llorar.

La siguiente noche en Airport Vineyard, John me pidió
que subiera a la plataforma para que contara mi experiencia. Hablé de la sequedad espiritual que había tenido durante
ocho años. Randy impuso nuevamente sus manos sobre mí, y
el poder de Dios otra vez fluyó por mi cuerpo y no pude hablar.
Durante varios meses muchas veces me puse tartamudo, y
aún tartamudeo cuando se manifiesta la presencia de Dios.

El domingo compartí mi testimonio en mi iglesia. Allí nadie
había tenido antes la experiencia de caerse, pero en el servicio de las nueve ya todo el mundo estaba en el suelo. Cuando
llegaron los asistentes al servicio de las once, tuvieron que
pasar por encima de las personas. Ellos también comenzaron
a caer. La presencia de Dios fue tan poderosa, que comenzaron a levantarse para irse a las tres y media de la tarde.
Sin embargo, esa noche decidieron regresar, a pesar de que
nunca habíamos tenido un servicio un domingo en la noche.

Unas pocas semanas después partí hacia Rusia, pero hice
una escala en Estocolmo, donde aproveché para hablar esa
noche en una iglesia. Cuando me paré en el púlpito, sentí el
Espíritu Santo venir y pensé: **¡Oh no Señor, aquí no! Solo
puedo estar hoy aquí y tengo que predicarles el mensaje
que tengo para ellos.** Traté de mirar al piso y concentrarme
para mantenerme de pie. Pues, resulta que el intérprete que
estaba a mi lado cayó al suelo. Enviaron a otro, ¡y este cayó
también! ¡Y también el siguiente! Finalmente decidí dejar
de resistirme al Espíritu Santo y dije: "Creo que estamos
listos". En ese momento el Espíritu Santo fue derramado en
todos los presentes.

En la continuación de mi viaje, ocurrió lo mismo en Rusia y
Brasil, a pesar de que me había propuesto no mencionar nada

de lo que estaba ocurriendo en Toronto. El Espíritu Santo se estaba manifestando, e igualmente estábamos presenciando un aumento significativo en las sanidades.

En 1995, mi esposa Christina y yo nos mudamos a Vancouver para establecer una nueva iglesia. Habíamos también comenzado un nuevo ministerio llamado Impact Nations. Este ministerio surgió cuando entendimos que lo que Randy me impartió esa noche no era algo de una sola noche ni tampoco temporal. Ya tenía años con ello, y lo habíamos impartido a muchos. Habíamos viajado y ministrado en salud en diferentes naciones, y constantemente recibíamos testimonios de aquellos cuyas vidas se habían visto afectadas. Durante años realizamos seminarios para hombres de negocios, y algunos de ellos han sido usados por Dios de una manera tan poderosa, que me dicen: "Steve, no sé si estoy manejando un negocio o un ministerio".

Las puertas se siguen abriendo para Impact Nations de maneras que nunca pensamos que ocurrirían. Ahora mismo tenemos tres ramas ministeriales: Seminarios para adiestrar y dotar líderes, proyectos de desarrollo, y algo que llamamos Viajes de Compasión. Los proyectos de desarrollo incluyen clínicas médicas, centros de alimentación, granjas, ayuda para que los pobres inicien sus propios negocios, microcréditos, provisión de agua potable, y talleres de costura para mujeres en riesgo. Así es el registro de un día en una de nuestras clínicas médicas:

"Abrimos la reja y dejamos que entraran las primeras cien personas para la consulta médica. Varios miembros del equipo asistieron a los que esperaban su momento para la consulta y ofrecieron orar por ellos. Casi todos respondieron que sí con muy buena disposición. Mientras el equipo oraba algo comenzó a suceder. Todos comenzamos a sentir cómo la pesadez que rodeaba el lugar se fue apartando. Alguien fue sanado, y luego otro, y otro. La emoción comenzó a cundir. Algunos comenzaron a aplaudir y a dar loas a Dios a medida que su misericordia sanadora se movía como una onda a través de la gente. Antes de que terminara la mañana, cuatro personas que estaban completamente ciegas habían sido instantánea y completamente curadas".[8]

Los Viajes de Compasión consisten en enviar equipos de personas en viajes misioneros cortos. Cada miembro del equipo ministra en la línea frontal, involucrado tanto en demostraciones sobrenaturales como en demostraciones prácticas del Reino de Dios. En abril de 2006 uno de estos equipos viajó al noreste de Kenia, donde el noventa por ciento de la población es musulmana. Allí realizaron reuniones de evangelismo y sanación en un campo abierto en medio de la ciudad de Garissa. Al principio vinieron muchos musulmanes, pero se quedaban observando desde una distancia segura. A medida que se fueron desarrollando las reuniones, más y más se atrevían a pasar al frente. Desde la primera reunión Dios se manifestó mediante sanidades y milagros, y la noticia se corrió por toda la ciudad. Entre los milagros que ocurrieron, estuvieron: una niña de quince años que había nacido ciega fue sanada completamente; otra niña sordomuda se sanó y su primera palabra fue: ¡Jesús!; varios ciegos recobraron la vista, incluyendo a un niño que comenzó a mirar sorprendido a su alrededor. Muchos se curaron inmediatamente de malaria. Cientos de dolores crónicos desaparecieron. Las hemorragias cesaron. Mientras el poder de Cristo era revelado entre los musulmanes y otros africanos, las multitudes levantaban sus brazos para recibir al Señor. Dos de los miembros del equipo compartieron el evangelio con un grupo de unos treinta niños que habían llegado temprano, y pidieron que Dios entrara en sus vidas. Fue un maravilloso privilegio presenciar este hito histórico en esta región del noreste dominada por los musulmanes".[9]

Más recientemente, en mayo de 2012, presenciamos demostraciones asombrosas del poder de Dios en la prisión Nakuru en Kenia. Un sábado realizamos bautismos, y el lunes seis hombres fueron trasladados de la prisión a la corte para recibir sus sentencias. Como se acostumbra antes de dictar sentencia, el juez preguntó si el primer hombre tenía algo qué decir. El joven respondió: "Ahora soy un cristiano nacido de nuevo, y fui bautizado el sábado en la prisión. Soy un hombre nuevo".

El juez preguntó entonces si este joven había sido uno de los que se bautizaron en el tanque de la prisión, pues lo había visto en la televisión. El juez hizo una pausa y se quedó mirándolos, y luego hizo algo sin precedentes. A todos les suspendió la sentencia, bajo la condición de que permanecieran sin meterse en problemas durante seis meses.

Por increíble que parezca, eso fue solo el comienzo. Seguidamente, el capellán de la prisión nos informó que ciento cincuenta y dos guardias habían solicitado ser bautizados en la siguiente ceremonia. ¡Asombroso! Luego el presidente de la cadena de televisión más grande de Kenia llamó para decirnos que la cadena había decidido transmitir cuatro veces el bautismo en la prisión. Ellos jamás habían repetido una noticia tantas veces desde que él era el presidente de la compañía.[10]

Afuera de la prisión, en un área muy pobre de Nakuru, muchos vinieron a Cristo a través del ministerio de nuestro equipo. Muchos ojos fueron curados de cataratas y dolores crónicos. Varios de los miembros del grupo oraron poderosamente sobre la multitud. Al final del viaje, 1380 personas no solo habían conocido a Cristo, sino que habían compartido su información de contacto y se habían integrado a las iglesias locales, incluyendo a cincuenta y seis musulmanes que se anotaron para recibir un estudio bíblico semanal. Cada

Viaje de Compasión de este tipo rinde frutos maravillosos para el Reino de Dios.

Lo que recibí a través de la impartición se ha multiplicado muchísimas veces. Adiestramos a otros, y luego nos apartamos para que ellos lleven a cabo la obra. Esta filosofía se remonta a 1994, cuando recibí impartición de parte de Randy. La impartición es reproducible, ¡y esa es la manera en que el Reino de Dios se multiplica![11]

Stacy y Casey Long
Coordinadores nacionales de Catch the Fire USA

[La impartición que recibieron Stacy y Casey Long despertó en ellos la pasión por diseminar el avivamiento alrededor del mundo. Quiero que Stacy nos hable de ello en sus propias palabras].

Debo admitir que no era mi momento de mayor consagración, pero ahí estaba, en la última fila de la iglesia, genuinamente escéptico. Viniendo de una iglesia no denominacional, jamás había escuchado un mensaje sobre impartición y transferencia de unciones. Randy Clark hizo un excelente trabajo explicándolo, utilizando una diversidad de textos bíblicos, al punto de que quedé completamente convencido, y pensé: **Esto es para mí.** Así que, casi de manera ruda, me abrí paso hasta el frente de la iglesia durante la impartición, y tomé la típica posición para recibirla con mis manos extendidas. Hice el gesto más desesperado posible con mi cara, ya que, después de todo, quería que Randy supiera que estaba desesperado. Abrí un ojo para ver si Randy me estaba viendo. **Me está viendo, ahí viene. Ahora va a orar por mí durante un instante, y luego voy a caer, reír, llorar, temblar, y ser transformado para siempre, o algo así,** pensé. Eso era lo que estaban haciendo los demás.

115

Escuché a Randy orar por una mujer que estaba a mi lado, y entonces, un pulgar apretó la palma de mi mano derecha, y escuché las palabras: "Bendícelo, Señor". Entonces Randy pasó a la siguiente persona.

Abrí mis ojos un poco asombrado, y pensé: ¿Qué? ¿Eso es todo lo que voy a recibir? ¡No pasó nada!

Bajé la cabeza, me abrí pasó hasta la última fila donde estaba mi esposa, y me senté medio molesto.

—¿Qué pasó? —preguntó mi esposa.

—Nada —le dije—. Solo me dijo: "Bendícelo, Señor", y se fue.

Yo estaba verdaderamente decepcionado, porque en verdad necesitaba aquello de lo que Randy hablaba.

De repente, la palma derecha de mi mano, justo donde Randy me tocó, comenzó a arder. Después mi palma izquierda comenzó a arder. Luego mis piernas y mis manos comenzaron a temblar. Grité: "¡Algo está pasando, algo está pasando!", ¡y algo pasó! Mi vida, y la vida de mi familia jamás sería la misma después de eso.

Mi familia y yo habíamos estado preparándonos para mudarnos a Bosnia como misioneros, y esta impartición ocurrió dos meses antes de irnos. El mayor milagro que habíamos visto hasta ese momento era cuando orábamos por alguien que tenía un dolor de cabeza y al cabo de dos días y después de muchas tabletas de Advil, el dolor cesaba. Pero después de que nos mudamos a Bosnia, comenzamos a ver curaciones, liberaciones, palabras proféticas, y gente entregándose a Cristo de maneras sobrenaturales.

Una de estas entregas sobrenaturales ocurrió con un amigo a quien llamaré Mark. El recuerdo más antiguo de Mark es el de su papá violando a su hermana mayor. Su padre lo golpeaba, y también golpeaba a sus hermanas y su mamá todos los días. Cuando tenía catorce años, la guerra estaba en pleno apogeo y su madre diabética no conseguía insulina. Como resultado, tuvieron que amputarle una pierna. Al visitarla en el hospital, Mark escuchó a su padre ebrio en el pasillo. Se asomó y vio a su padre entregándoles dinero al médico y las enfermeras. De repente todos se marcharon y Mark sospechó lo peor. Mark se escondió detrás de una cortina cuando su padre entró, violó a su madre, y la golpeó hasta matarla.

Cuando conocimos a Mark, tenía unos veinte años. Decir que Mark era un muchacho resentido era poco. Él joven comenzó a asistir a nuestras reuniones de adoración y derramamiento debido al amor, la aceptación, y la presencia de Dios que percibía. Una noche en nuestra reunión de derramamiento Mark estuvo caminando de un lado a otro por el salón orando y adorando a Dios. Yo estaba haciendo lo mismo cuando me di cuenta de que Marco se había detenido y estaba en un solo lugar. Sentir la urgencia de acercarme y orar por él, pero no quería interrumpir su momento personal con Dios. Después de un rato regresé, puse suavemente mi mano sobre su hombro, e hice una corta oración: "Espíritu Santo, tienes que ayudarlo".

Justo en ese momento cayó hacia adelante con sus manos a los lados, como si se hubiera desmayado. Un amigo y yo logramos agarrarlo justo antes de que estrellara la cara contra el piso. Inmediatamente comenzó a sudar a cántaros, se puso rojo, y temblaba intensamente. No dejaba de mirar alrededor, diciendo: "¿Dónde me llevaste? ¿Desde hace cuánto me fui? ¿Dónde me llevaste". Nos tomó más de una hora convencerlo de que no lo había llevado a ninguna parte, de que era el mismo día, y de que no pusimos drogas en su bebida. Le costaba creernos. Al parecer, los pocos segundos en los que pronuncié: "Espíritu Santo, tienes que ayudarlo", y lo sostuvimos para que no se golpeara, para él fueron un encuentro de tres días con Jesús. Estaba en un campo, y Jesús caminó hacia él con lo que parecía una luz brillando por detrás de su cabeza. Mark vio a un grupo de ángeles revoloteando en el aire, cantando sonidos que no existen aquí en la tierra. Dice que era tan hermoso, que lo que quería era quedarse ahí sentado escuchándolos para siempre. Jesús lo llevó luego a un desierto y lo dejó allí. Mark comenzó a correr desesperadamente durante horas, gritando nuestros nombres hasta que colapsó (aparentemente fue por eso que se puso rojo, y sudaba a chorros).

Mientras Mark corría en el desierto, Jesús le habló desde el cielo sobre mentiras y verdades. Luego lo llevó al funeral de su madre. Allí estaba ese chico de veinte años junto a Jesús mirándose a sí mismo de catorce años en el funeral de su mamá. Todo era exactamente como lo recordaba, excepto por un detalle curioso. Cuando ya casi todos habían terminado de apilar tierra sobre el ataúd de su madre, vio a su tío echar dos pequeños dijes católicos en la tierra. Él no recuerda haber visto eso en la vida real.

Jesús llevó a Mark de regreso y le mostró cada una de las cosas dolorosas que su padre le hizo. Mark se puso muy furioso por el daño y el dolor tan grandes que su padre le había causado. Luego, Jesús comenzó a mostrarle todos los momentos e incidentes en los que Mark les causó daños a otros. Su corazón comenzó a ablandarse al darse cuenta de que él también era culpable como su papá. Allí terminó el encuentro.

A medida que Mark describía su encuentro, yo me iba quedando atónito de lo increíble que es Dios. Mark, por otra parte, no estaba convencido de que lo ocurrido era de Dios. Trató varias veces de decir que era estrés, que no había dormido lo suficiente, que no había comido bien, etcétera. Pensaba que eso era lo que le había producido ese loco episodio.

A pesar de todos mis intentos, no pude convencerlo de que este encuentro era de Dios.

—Hay una sola manera de averiguar si esto es verdad o no —dijo Mark.

—¿Cuál es? —le pregunté.

—Yendo a la tumba de mi madre —me dijo, y me pidió que lo acompañara a ese lugar y que lo ayudara a excavar durante la noche. Yo obviamente me negué. El edificio de apartamentos en el que vivía Mark daba hacia el enorme cementerio de la ciudad, donde estaba enterrada su madre. Esa noche él salió de mi casa a la una de la madrugada, se fue a su casa, buscó una linterna y una pala, saltó la cerca del cementerio, y caminó hacia la tumba de su madre. Seguidamente, se inclinó y comenzó a cavar alrededor del lugar en el que había visto a su tío lanzar los dijes a la tierra durante su "encuentro". Después de cavar varias pulgadas, de repente pensó: **Estoy profanando la tumba de mi madre en medio de la noche. ¡¿Qué estoy haciendo?!** Pero justo ahí tocó algo metálico con la pala.

Como a las once de la mañana del siguiente día, alguien tocó la puerta de mi casa. Cuando abrí, era Mark. "¡Los encontré!", me dijo.

Al escuchar esas palabras se me erizó la piel, y casi me quedo sin aliento. Me contó lo que ocurrió en el cementerio. Al encontrar los dijes, una onda de convicción se apoderó de él. El encuentro había sido real. De rodillas, comenzó a llorar incontrolablemente y a gritar: "¡Jesús! Te creo. ¡Es verdad! ¡Te necesito! ¡Ayúdame! ¡Mi vida es tuya!".

Mark entregó su vida a Jesús en la tumba de su madre en medio de la noche, y jamás ha sido el mismo desde entonces. Esta es solo una de las maravillosas historias de la increíble gracia de Dios de las que hemos participado, y solo uno de cientos de testimonios del poder de la impartición para transformar vidas.[12]

"Simplemente porque..."

Este capítulo comenzó con dos preguntas: "¿Por qué son necesarias las imparticiones? ¿Para qué señales y maravillas?". ¿Sirven ellas para validar el mensaje? A veces creo que sí, pero por encima de eso, creo que Dios hace cosas buenas simplemente porque Él es bueno. Él obra actos de amor, simplemente porque Él es amor. Las señales y maravillas, los milagros y las sanidades, son simplemente Dios siendo Dios y revelando su gloria a un mundo que ignora desesperadamente su verdadera naturaleza. ¿Necesita Él acaso otra razón?

Dios revela su gloria a través de señales de amor y milagros de compasión. Si no existiera su impartición de poder y amor, seríamos incapaces de llevar a cabo estas señales de amor y milagros de compasión. En nuestra incapacidad de reflejar a nuestro Padre celestial, lo privaríamos de la gloria que deberíamos darle llevando mucho fruto.

Pero ese no es el caso. Él hace cosas buenas porque Él es bueno y nos da la capacidad de reflejar su gloria a través de frutos maravillosos y abundantes. De esta manera, se cumplen las palabras de Habacuc 2:14: "Porque así como las aguas cubren los mares, así también se llenará la tierra del conocimiento de la gloria del Señor".

7

Obediencia radical:

Impartición de poder para morir

Cuando predico sobre el tema de la impartición, y tengo planificado orar por los asistentes después de la predicación, narro la experiencia de Heidi Baker y los frutos maravillosos que ella ha cosechado desde que recibió su impartición. Muchas veces, después de preguntar: "¿A cuántos de ustedes les gustaría recibir una impartición como la de Heidi Baker?", casi todo el mundo levanta las manos. Entonces digo: "Permítanme contarles ahora el resto de la historia". Seguidamente les cuento todo el sufrimiento y las dificultades que enfrentaron los Baker durante los primeros dieciocho meses después de la impartición de Heidi. Subrayo que muchas veces hay un grado de dificultad proporcional al grado de la impartición. Yo no entiendo cómo funciona, pero sí estoy seguro de que el precio del avivamiento es alto y de que las imparticiones preparan a quienes las reciben para pagar ese precio.

Cuando oro por los asistentes para que reciban impartición, no solo le pido a Dios que los llene de poder, sino también que los bautice con poder. Sé que el bautismo de amor es lo que evita que renuncien cuando las cosas se ponen difíciles. El bautismo de poder les da la capacidad de ministrar, pero el bautismo de amor les da la motivación para ministrar y para mantenerse haciéndolo, especialmente en el campo misionero.

Mi amigo Graham Cooke me habló de una serie de adiestramiento que él y Jonathan David, un líder apostólico de Indonesia, realizaron en Filipinas. Estaban capacitando a unos setenta líderes jóvenes que viajarían a China y otros lugares en donde la predicación del evangelio podría causar que terminaran presos e incluso muertos (esto fue de mediados a finales de la década de los noventa). Una joven mujer se acercó a los líderes y les contó que había tenido una visión sobre su muerte como mártir. Más adelante una segunda persona tuvo una visión similar, esta vez un hombre joven. Luego, otro joven se acercó a ellos con lágrimas en los ojos, y con una pesada carga en su alma. Les preguntó: "¿Hay algo que no está bien en mi vida, que el Señor no me considera digno de sufrir el martirio por causa de su nombre?". Este es el fruto de los que han recibido una poderosa impartición del Espíritu Santo.

El líder apostólico Sophal Ung de Camboya experimentó un enorme sufrimiento por parte de los Jemeres Rojos, así como de los vietnamitas. Fue uno de los primeros camboyanos en ser dirigidos por el Señor en la década de 1970. Fue llenado poderosamente del Espíritu Santo durante una ocasión en la que el Espíritu abrió la ventana de un aposento alto en el que los creyentes estaban orando y los colmó. Todos comenzaron a hablar en lenguas y a profetizar. Más tarde, casi noventa por ciento de su congregación fue asesinada en los campos de la muerte o en otros lugares por los combatientes de los Jemeres Rojos. Después de haber sido torturado, puesto en un calabozo y de ser el único sobreviviente de entre doscientos prisioneros, escapó milagrosamente y pudo llegar a Estados Unidos con su esposa y cinco hijos. No mucho tiempo después de haber llegado a Estados Unidos, su esposa murió de cáncer. Dios entonces llamó a Sophal Ung de regreso a Camboya. Esta ha sido la petición más difícil que ha escuchado de Dios en su vida: dejar a sus cinco hijos en Estados Unidos bajo el cuidado de amigos y familiares. La vida de Sophal Ung es una vida de fe y sacrificio.

Solo el bautismo de amor y poder puede suministrarle a alguien la capacidad de enfrentar la posibilidad de ser torturado y asesinado, de dejar cinco hijos biológicos y dos adoptados, y la seguridad y comodidad de la vida en Estados Unidos para regresar a la destruida y empobrecida Camboya. Yo entrevisté a Sophal Ung en nuestro primer viaje a Camboya en el 2003. En el 2010 regresamos y lo entrevistamos nuevamente, y de ese material de varias horas estamos armando un libro poderoso sobre su vida y su ministerio. Para mí él es el apóstol más grande de Camboya, y su corazón arde de pasión por la salvación de su nación. Cuando él visitó la Toronto Airport Christian Fellowship, experimentó una nueva unción del Espíritu tan poderosa, que su cuerpo comenzó a sacudirse y temblar fuertemente debido al poder. Dice que los movimientos de su cuerpo eran semejantes a los que hacía cuando los vietnamitas los estaban torturando con electricidad, pero en vez de producirle dolor y debilidad, el poder de Dios le daba gozo, fuerza y valor. Luego animó a los camboyanos en Estados Unidos que estaban considerando regresar a su país a ayudar en el ministerio a que fueran primero a Toronto a recibir impartición de parte de Dios.

El sacrificio familiar

Mi amigo Guy Chevreau y yo estábamos hablando una noche sobre el costo de vivir nuestras vidas para Cristo y de trabajar en este avivamiento y renovación. Concordamos en que nada debe ser considerado realmente un sacrificio a la luz de cómo Dios ha descendido, nos ha tocado, llenado de poder, y enviado a las naciones. Luego Guy me dijo: "Es decir, nada es un sacrificio, excepto el precio para nuestras familias. Cada vez que el platillo de las ofrendas pasa, coloco mi mano en él y me propongo en mi corazón que mi familia esté presente en las ofrendas".

Yo estuve de acuerdo. Aunque nosotros no hemos tenido que dejar nuestros hijos como le tocó a Sophal Ung, ambos invertíamos unos ciento ochenta días al año lejos de nuestras esposas e hijos. Una vez, en un viaje que hice con Rolland y Heidi Baker a Mozambique, comenzamos a hablar del enorme privilegio que era poder presenciar avivamientos; la gente en acción; y una cosecha de almas acompañada de milagros, liberaciones y provisión. Pero todos estuvimos de acuerdo en que ciertamente nuestra familia ha pagado un gran precio. Al menos la mitad de la vida de nuestros hijos la pasaban separados de nosotros. Nos animamos con la seguridad de que Dios sería fiel en tocar a nuestros hijos para de alguna manera compensar el tiempo que hemos estado lejos de ellos.

Sin embargo, comparado con otros períodos de expansión misionera, nosotros somos privilegiados. En el movimiento misionero moderno del siglo XIX, los misioneros a menudo tenían que dejar a sus hijos a cargo de abuelos, tíos o tías porque entendían que había una alta tasa de mortalidad infantil en los países a los que iban a servir. Otros misioneros, como los bautistas Hudson Taylor y Adoniram Judson, dos grandes pioneros misioneros en China y Birmania, enterraron a sus esposa e hijos en esos países. Los propios abuelos de Rolland enterraron dos hijos en las remotas montañas del Tíbet.

Creo que estamos viviendo tiempos mejores, pero no podemos ignorar que sigue habiendo un precio que pagar. Es fácil decir: "¡Sí, yo quiero la unción! ¡Quiero impartición!", y otra cosa muy distinta estar dispuestos a pagar el precio. La gente ve el maravilloso avivamiento que se está suscitando en Mozambique y las naciones vecinas a través de los ministerios de Iris; pero raramente ve las grandes luchas, batallas y sacrificios que tienen que enfrentar los Baker. Cuando Mel Tari, el gran amigo de Rolland, supo que yo estaba escribiendo este libro, le rogó a mi editora (que es Linda Kaahanui, la hermana de Rolland): "Por favor, sea cual sea el mensaje, no dejen al lector con la impresión de que la unción es algo que uno simplemente corre a recibir al altar y de repente, ¡bingo!, a través de una sola experiencia ya se tiene un poderoso ministerio".

Mel tiene razón. Dios obró durante diecisiete años en los corazones de Rolland y Heidi, llevándolos a un lugar en el que fueron siervos humildes y obedientes dispuestos a ser usados completamente por Él. El avivamiento no está relacionado únicamente con el poder. Más que eso, está relacionado con el amor y la humildad. ¿Estamos dispuestos a permitir que el Espíritu Santo haga lo que sea necesario de liberarnos de nuestro orgullo, de nuestra necesidad de controlar, y de nuestros motivos egoístas en el ministerio? ¿Estamos los suficientemente desesperados como para que Dios le permita obrar completamente en nosotros?

En abril de 1999 fui a Redding, California, a ministrar con mi amigo Bill Johnson en la iglesia Bethel. De alguna manera Heidi y yo terminamos coincidiendo en la iglesia de Bill a esa hora. Yo había escuchado sobre las maravillas que estaban ocurriendo con Heidi y que ella había sido tocada poderosamente por la profecía que le di en enero de 1997. Hasta este momento no había podido reunirme con Heidi personalmente, ni había entendido la magnitud de lo que Dios había estado haciendo a través de ella y de Rolland. Tampoco sabía el alto costo que su familia había tenido que pagar como resultado de ajustarse a la palabra profética. ¡En dos años ya habían fundado más de doscientas cincuenta iglesias! Pero esto no fue logrado a través de una gran fuerza misionera, y una denominación completa como apoyo. Fue un aumento verdaderamente milagroso que comenzó con una sola iglesia, doce líderes mozambiqueños, y Rolland y Heidi.

En la iglesia Bethel escuché por primera vez el testimonio de Heidi en un poderoso sermón sobre la fe. En ese momento entendí cuán importante había sido aquella palabra profética, y cuánto sufrimiento los Baker habían atravesado al obedecer las promesas proclamadas. No es suficiente que alguien ore por uno o que le profetice a uno. La palabra del Señor debe ser aceptada con fe, asimilada y vivida. Dios tenía un destino para los hijos de Israel cuando los sacó de Egipto, pero a pesar de ello, la incredulidad evitó que esa generación alcanzara la tierra que Dios les había prometido. Rolland, Heidi, Leif, y otros como ellos están viviendo el destino que Dios quiso para sus vidas, no solo por un simple acto de impartición o profecía, sino porque escogieron recibir por fe lo que Dios les prometió, independientemente del costo, y determinaron dejar todo por amor a Jesús y en absoluta sumisión a su liderazgo.

Heidi una vez me contó cómo hace para escoger a sus líderes en Mozambique. Una de las cosas que hace es llevar pastores al orfanato para ver cómo estos ministran a los niños, juegan con ellos y les brindan amor. Si ellos no sienten un amor verdadero por los niños ni tienen la voluntad de servirlos, entonces ella considera que no tienen un corazón suficientemente servicial como para ser considerados líderes clave. Ella busca amor y servicio.

Una de las ilustraciones más poderosas de esta clase de amor y de servicio la encontré en un correo electrónico de Rolland relacionado a una peligrosa epidemia de cólera que se desató hace un tiempo en el centro de su ministerio en Zimpeto. Muchos niños luchaban por sus vidas, y los médicos pensaban que muchos morirían de cólera. Pensaban que el origen del brote estaba en una comida contaminada que había sido traída a una boda en la iglesia. Esta es una enfermedad altamente contagiosa, y en cuestión de días ya había afectado a setenta niños, pastores, y obreros, los cuales debieron ser llevados a un hospital especializado en cólera en Maputo. Se trataba de hecho de una gran carpa en la que se llevaba una estricta cuarentena. Esta estaba equipada con "mesas de cólera", que consistían en unas camas de madera cruda, cada una con un hoyo y una cubeta debajo del hoyo para atrapar la diarrea y el vómito constantes. Todos los pacientes eran tratados con suero intravenoso. Rolland cuenta mejor la historia en un boletín del ministerio publicado después del brote:

"Los funcionarios de salud del gobierno estaban aterrados de que se desatara una epidemia en toda la ciudad. El director de salud de Maputo apuntó su dedo a la cara de Heidi y le dijo: 'Usted va a ser la responsable de que la mitad de Maputo muera'. Pronto, la policía se vio involucrada, e intentaron cerrar nuestro centro y nuestro ministerio. Durante días nada parecía ayudar. Cada instante lavábamos y desinfectábamos todo. Nuestros camiones hacían viajes al hospital las veinticuatro horas. Nuestra propia clínica estaba llena de niños con suero intravenoso. Nuestro equipo estaba completamente exhausto.

"Solo Heidi estaba autorizada para visitar la carpa hospital. Cada día iba y pasaba horas con los niños, abrazándolos, orando por ellos, y declarando que vivirían y no morirían. Vomitaban sobre ella, la llenaban de excremento, y lentamente se debilitaban. Muchos estaban al borde de la muerte, con los ojos hundidos y volteados. Los médicos estaban asombrados por su poca preocupación por sí misma, y estaban seguros de que ella también moriría junto a muchos de los niños".[1]

Durante todo este tiempo, el Espíritu Santo estuvo derramándose sobre las reuniones de los Baker. Rolland cuenta que un fuerte espíritu de intercesión vino sobre los pastores más fuertes, quienes comenzaron a orar durante horas por las víctimas del cólera, y por el sufrimiento de toda la nación. Grupos de intercesión en Estados Unidos, Canadá, y otros lugares del mundo se unieron. El futuro del ministerio en Mozambique estaba en juego, y el equipo estaba agotado. De repente, algunos de los niños comenzaron a regresar del hospital, ¡y no se presentaron más casos nuevos! "Extraordinario", era la única palabra que podía describirlo. Así como vino, el cólera se fue, y Heidi pudo salir del trance sin peligro. Rolland cuenta en el boletín el asombro que tenían los médicos ajenos al ministerio:

"Los médicos y las enfermeras estaban pasmados. El director de salud apuntó nuevamente a la cara de Heidi, y le dijo: '¡Escuche! ¡Esto tuvo que haberlo hecho Dios! ¡La única razón por la que pudo salir de esto es por Dios! ¡Usted y docenas de estos niños estarían ahora muertos!'.

"Ocho de los médicos quieren trabajar ahora con nosotros. '¡Esto es un milagro! ¡Usted conoce a Dios! Nunca habíamos visto a Dios hacer algo semejante. ¡Jamás habíamos visto tanto amor! Ya no queremos trabajar aquí. ¡Queremos trabajar con ustedes!'. Y lo harán".

Los Baker no perdieron a una sola persona de los que vivían con ellos en Zimpeto al momento del brote. En cuestión de días, la peor crisis que enfrentaron se convirtió en una ola de paz y de alegría en el centro, y la respuesta fue adorar al Señor en todo momento, contemplando su hermosura con sus corazones, y disfrutando de su compañía.

En una de nuestras reuniones pasadas, Rolland y Heidi hablaron del alto índice de deserción de estadounidenses que viajan a otros lugares del mundo como misioneros a largo plazo. A menos que tengan una experiencia de recibimiento de poder de parte del Espíritu Santo, muchos no duran mucho. Se debe pagar un alto precio por la búsqueda de Dios y por el deseo de ser un discípulo que no solo trate de obedecer los mandamientos éticos de Dios, sino su mandato de sanar a los enfermos, expulsar demonios, predicar las buenas nuevas a los pobres, y resucitar a los muertos.

En otro correo electrónico que me envió Rolland, habla sobre su primer viaje a Congo, el cual realizó con Surprise Sithole. Mientras contaba las dificultades de la gente y del viaje, Rolland dice:

"Este movimiento no busca salud o riquezas, o manifestaciones, o señales y maravillas. Nosotros predicamos al Jesús crucificado, y el poder de la cruz. ¡Nada cuenta sino solo la fe obrando a través del amor, y produciendo alegría! Primero buscamos su Reino y su justicia, ¡y todas las demás cosas vienen solas! Estamos aprendiendo cómo ser ricos en buenas obras, y bendecidos con santidad y alegría. Nos estamos enamorando de Él, que es amor, hasta que nada de este mundo nos atraiga como Él lo hace [...].

"Después de todos estos años predicando en lugares apartados, entre los más pobres y desamparados, ahora sabemos que este es solo el principio de lo que Dios tiene planeado para África. El norte de África, considerado un territorio fuera del alcance del evangelio cristiano, nos está esperando. Una vez que su verdad, su amor, y su poder son dados a conocer, Jesús no tiene competencia. Angola y África occidental nos llaman. Las multitudes están sedientas de lo tangible. Nuestros cuerpos están agotados, y el tiempo que necesitamos va más allá de nuestra resistencia. Nuestra sabiduría para pastorear este movimiento es finita; pero cada mañana somos renovados por el poder de Dios. Estos pastores en Bukavu están listos para predicar a lo largo de todo el Congo, llevando el fuego de Dios a todos los lugares que visiten. Debemos apoyarlos, hacer nuestra parte, y obedecer. Nuestras vidas carecen de valor si no culminamos la carrera y completamos la tarea que el Señor Jesús nos encomendó: la de testificar del evangelio de la gracia de Dios (Hch. 20:24)."[2]

¿De qué trata el avivamiento? ¿De hacer sacrificios? Sí. ¿De ser alegres? Sí. ¿De amar a los demás? Sí. ¿De tener una relación íntima con Dios? Sí. Casi puedo escuchar las súplicas de Heidi mientras escribo: "Más abajo, más abajo, más abajo el río fluye más abajo, aún más abajo, aún más abajo". El clamor de Heidi es por una mayor disposición a doblegar su vida, su orgullo, y sus propios deseos.

¡Las redes se están rompiendo!

¿Cuáles son los dos motores gemelos que han motivado esta acción de Dios, este nuevo movimiento misionero alrededor del mundo? Intimidad con Dios y humildad frente a Dios. Estos dos motores han sido impulsados por amor y poder, imparticiones y dones. Uso la palabra impartición en plural intencionalmente, porque sé que Heidi ha recibido varias imparticiones y Rolland una desde que di mi profecía inicial en Toronto. No se trata de una experiencia de una sola vez, sino de una que debe repetirse mientras nos derramamos a favor de aquellos en necesidad. Los que estamos dispuestos a "gastarnos y desgastarnos" (ver 2 Cor. 12:15) por la salvación de las almas, necesitamos que nuestras vidas sean renovadas ocasionalmente por una impartición fresca del Espíritu Santo. Es posible que algunos jamás hayan tenido la experiencia de ser llenados o bautizados en el Espíritu Santo.

Otros tal vez han tenido la experiencia, pero necesitan ser llenados nuevamente, o recibir la impartición de ciertos dones que incrementen sus frutos para el Reino. Tal vez usted necesita el don de la sanación, el don de la fe para obrar milagros, el don de palabra de conocimiento, o lo que Dios tenga para usted. De hecho, estos dones muchas veces se reciben juntos. Por ejemplo: los dones de curación están ligados muchas veces al don de palabra de conocimiento. El don de obrar milagros está ligado al don de fe. El don de profecía al don de discernimiento. El don de lenguas al don de interpretación. Yo le animo entonces a pedir y seguir pidiendo, tocar y seguir tocando, buscar y seguir buscando. Recuerde las palabras del apóstol Pablo: "Ustedes, por su parte, ambicionen los mejores dones" y "Ahora les voy a mostrar un camino más excelente" (1 Co. 12:31; 14:1).

Mientras escribía la edición revisada de este libro, Rolland Baker viajó para reunirse conmigo en el estado de Washington, de manera de conversar sobre algunos detalles relacionados con Iris Ministries incluidos en esta obra. Cuando comenzamos a hablar de Mozambique, él me dijo: "Se necesita demasiada ayuda. ¡Las redes se están rompiendo! Si no recibimos ayuda para la gente de Mozambique, muchos conversos se perderán. Los pocos obreros están agotados, y las manos se están debilitando por el peso de la cosecha".

Lo que ocurre hoy en Mozambique puede definirse como un "movimiento popular". Usted puede leer el relato completo de lo que Dios está haciendo allí en el libro de los Baker *Always Enough: God's Miraculous Provision Among the Poorest Children on Earth* (Chosen, 2003). Un movimiento popular ocurre cuando el Espíritu Santo trabaja de una manera especial, y todos los habitantes de cierta área están listos para aceptar a Jesús. Yo me comprometí conmigo mismo a que si alguna vez tenía el privilegio de ver un movimiento popular haría todo lo que estuviera a mi alcance para llevar obreros a la mies y segarla antes de que se pierda. Es por eso que hoy quiero animarlo a usted amigo lector, a que me acompañe a mí o a alguno de mis asociados a Mozambique. ¡Usted puede unirse a nosotros junto a obreros de otras naciones! Tal vez logre encontrar un nuevo significado para su vida al rendir la suya para Dios. Muchos de los que han viajado conmigo ahora viajan a Mozambique de manera habitual como misioneros a corto plazo, y muchas iglesias se han asociado a los Baker como resultado de haber presenciado por sí mismos lo que Dios está haciendo a través de ellos. Pídale al Padre que envíe obreros para la cosecha. ¡Usted puede ser parte de ellos! ¡Millones de almas están literalmente en riesgo!

Revístase con poder

Pero primero, antes de que parta hacia cualquier lugar, es necesario que recuerde el consejo de Jesús: "Ahora voy a enviarles lo que ha prometido mi Padre; pero ustedes quédense en la ciudad hasta que sean revestidos del poder de lo alto" (Lc. 24:49). Él está hablando aquí de la promesa del Espíritu Santo. Creo que no se está refiriendo a la obra de regeneración del Espíritu, o al sellado del creyente, sino al acto de que el Espíritu "descienda" sobre este y lo llene con poder de lo alto.

Si usted es cristiano, ya ha sido bautizado con el Espíritu en el Cuerpo de Cristo (ver Ro. 8:9; 1 Co. 12:13). Pero yo le estoy aconsejando ir más allá y desear la poderosa promesa del Padre de que el Espíritu descienda sobre usted y lo llene de poder para el servicio. El siguiente capítulo contiene algunas historias sobre lo que puede ocurrir cuando estas personas de bien son revestidas de poder. La disposición a morir al yo, y muchas veces incluso a morir como mártires, es un fruto de esta impartición y produce mucho fruto para el Reino, y para la gloria de Dios.

"Ciertamente les aseguro que si el grano de trigo no cae en tierra y muere, se queda solo. Pero si muere, produce mucho fruto. El que se apega a su vida la pierde; en cambio, el que aborrece su vida en este mundo, la conserva para la vida eterna" (Jn. 12:24–25).

"Sin embargo, todo aquello que para mí era ganancia, ahora lo considero pérdida por causa de Cristo. Es más, todo lo considero pérdida por razón del incomparable valor de conocer a Cristo Jesús, mi Señor. Por él lo he perdido todo, y lo tengo por estiércol, a fin de ganar a Cristo" (Flp. 3:7–8).

Oremos juntos por poder y amor, y por la obediencia radical para considerar todas las cosas pérdida por causa de Cristo y de su servicio.

Espíritu Santo, obra hoy en nuestros corazones para producir ese amor desbordante de Dios. Danos un amor tan abundante que estemos dispuestos a "derrochar" nuestras vidas en Él, como si se tratara de un costoso perfume. Solo tú puedes producir esa clase de amor sacrificado por Jesús y el Padre. Confesamos que no podemos crucificar nuestra carne. Ese es tu trabajo. Por eso, ven Espíritu Santo; ven y crea en nosotros las vida de Cristo.

8

Revestidos de poder

¡Nadie está a salvo!

Antes de enero de 1994 yo había escuchado en diversas ocasiones, a través de diferentes oradores, lo siguiente:

"Se acerca un avivamiento. Será un avivamiento sin nombre y sin rostro en el que no habrá 'hombres de Dios del momento' o superestrellas, sino que será protagonizado por los santos facultados de la iglesia. Serán tantas las personas bendecidas que, en los eventos grandes en donde se susciten curaciones y milagros, los reporteros no podrán identificar quién fue el que oró por alguien que acabe de recibir alguna curación milagrosa. ¿Por qué no? Porque los santos tendrán poder, y la antigua distinción entre el clero y el laicado ya no será que el clero tiene la función de orar por los enfermos, sino que la función del clero y el ministerio quíntuple es 'dotar a los santos para la obra del ministerio'".[1]

Yo creo que el derramamiento de Toronto, luego el de Pensacola, Florida, y después el de Smithton, Misuri, fueron cumplimientos de esta palabra profética; así como los derramamientos en varias universidades evangélicas, y antes a través de Rodney Howard-Browne.

Durante años he observado la práctica de la impartición y estudiado lo que dice la Palabra sobre esta bendición vital. Dios escoge soberanamente ungir a alguien con la virtud de poder imponer las manos sobre otros. La persona por quien se ora recibe una impartición de poder para sanar, realizar milagros o llevar a cabo liberaciones. Algunos reciben impartición a través de oraciones individuales o en grupo, sin necesidad de la imposición de manos. Sea cual sea el método, quienes reciben impartición son luego usados poderosamente para el avance del Reino de Dios.

He descubierto que durante los primeros días del pentecostalismo, muchos de los hombres y mujeres que salieron a establecer iglesias alrededor del mundo fueron primero tocados por una impartición poderosa del Espíritu Santo. Muchos recibieron su inusual poder en el Avivamiento de la calle Azusa, o pidiendo el derramamiento del Espíritu Santo en el aposento alto, o a través de la imposición de manos. Independientemente de cuál de las maneras bíblicas de recibir el poder haya acontecido, lo cierto es que recibieron poder. Y cuando salieron al mundo con este mensaje de restauración, muchos más fueron edificados en la fe a través de sus palabras. El mensaje pentecostal fue la respuesta a medio siglo de fervientes oraciones realizadas por la Iglesia alrededor del mundo. Estas oraciones estaban basadas en la creencia de que Dios le restauraría a la iglesia los dones y el poder de la iglesia apostólica primitiva. Este mensaje hizo nacer el deseo por la impartición de un nuevo poder, o por una impartición de dones de sanación y milagros.[2]

Casi cuarenta años después de la impartición del Avivamiento de la calle Azusa, la Iglesia experimentó otra visitación del Espíritu Santo, esta vez de 1946 a 1949, conocida como Latter Rain Revival (El Avivamiento de la Lluvia Tardía). Una vez más los corazones tomaron fuego, y el avivamiento se extendió rápidamente por el mundo. Nuevamente se hizo hincapié en las sanidades y especialmente en la impartición y la profecía. Al igual que el movimiento pentecostal anterior, este movimiento fue el catalizador de una nueva ola de alcance misionero alrededor del mundo.[3]

Unos cuarenta años después, de 1992 a 1996, comenzó otro movimiento. Este también hace énfasis en restaurarle a la iglesia la capacidad de recibir un poder renovado para el ministerio. Una vez más, gente de todo el mundo viene a recibir impartición y llevarla a sus países de origen. Este movimiento, con sus varias fuentes que contribuyen al "Río" del derramamiento, está produciendo una nueva expansión misionera en el mundo, y nuevamente miles de nuevas iglesias están siendo establecidas.

Esta clase de ministerio dotado de poder es sumamente necesario si queremos ver un avivamiento del cristianismo en Europa Occidental. Europa Occidental cuenta con una gran cantidad de predicadores, pero un porcentaje muy pequeño de cristianos practicantes. Las estadísticas de la mayoría de los países que la integran indican que solo entre tres y seis por ciento de sus habitantes asisten a la iglesia regularmente. Europa Occidental necesita otro Patricio de Irlanda que levante un movimiento misionero que no solo se caracterice por predicar el evangelio, sino también por su obediencia fiel al mandamiento del Señor: "Sanen a los enfermos, resuciten a los muertos, limpien de su enfermedad a los que tienen lepra, expulsen a los demonios" (Mt. 10:8).

Las mayores iglesias en la mayoría de los países europeos creen en la continuación del ministerio de Jesús. Muchas de estas iglesias fueron iniciadas a principios del siglo pasado, después del surgimiento del movimiento pentecostal que restauró poderosamente el mensaje del Reino en la iglesia. Muchas de las otras iglesias grandes tanto en Europa Occidental como Oriental habían sido iniciadas unas pocas décadas antes por africanos que creían en la continuación del ministerio de sanidad.

El pastor Henry Madava de Zimbabue dirige una de las mayores iglesias de Ucrania. Él comenzó ministrando en las escuelas de Zimbabue, y luego se fue de su país para estudiar ingeniería aeronáutica durante seis años y medio. Él no asistió a un seminario para prepararse para ser pastor, pero en 1990 el Señor le pidió que comenzara una iglesia. Al principio se mostró reacio, pero en 1992 obedeció cuando el Señor le dijo que tenía dos opciones: obedecer, o irse a su país y seguir sus propios planes, sabiendo que no sería tan exitoso como los planes que el Señor tenía para él.

El pastor Madava descubrió que los conocimientos que había adquirido a través de sus estudios lo ayudaban mucho en el ministerio, pero el poder lo obtuvo de la impartición para liberar y sanar. Su iglesia en Kiev comenzó con doscientas personas, y él bromea diciendo que aumentó a treinta, es decir, fue un crecimiento en negativo. Oró pidiendo sabiduría y el Señor le dijo que ya él tenía un milagro en su casa. Él se preguntó *¿Qué cosa tengo?*, y se dio cuenta de que necesitaba retomar el ministerio de expulsar demonios y sanar a los enfermos. La Victory Christian Church (Iglesia Cristiana Victoria) se dio a conocer por toda la ciudad como el lugar en el que la gente podía hallar liberación y sanación, y su ministerio creció a seis mil miembros en la iglesia principal, y de veinte mil a veinticinco mil en doscientas noventa iglesias establecidas por todo el país. Cada una de estas iglesias continúa estableciendo otras, y también mantienen treinta centros de rehabilitación para ayudar a las personas a liberarse de sus adicciones. No hace mucho entrevisté al pastor Madava, y me contó que hasta ese momento había llevado a más de un millón de personas al Señor.[4]

Avance misionero con avivamiento

El avance misionero siempre ha estado seguido de períodos de avivamiento. Esto ocurrió tanto en el Primero como en el Segundo Gran Avivamiento, el Avivamiento de la Reunión de Oración de 1858, el Avivamiento de Gales, el Avivamiento Pentecostal, el Avivamiento de la Lluvia Tardía, y está ocurriendo en el derramamiento actual del Espíritu Santo que comenzó en la década de 1990. Una característica de los avivamientos es el ímpetu renovado por el trabajo misionero, debido a que el verdadero avivamiento renueva el primer amor de los creyentes. Estos comienzan a amar como Dios ama, y sienten la motivación de ir a las naciones.

Cuando pienso en los líderes clave que participaron en las reuniones de Toronto y en todo lo que ha ocurrido desde entonces, encuentro los elementos que caracterizan los verdaderos avivamientos. Rolland y Heidi Baker arden de pasión por las naciones africanas. Pienso en Leif Hetland, que ha ministrado en más de setenta países desde que recibió la impartición. Pienso en Wesley Campbell y su enorme preocupación por los niños en riesgo en las naciones del mundo. Él recauda fondos para ayudarlos, y es usado por Dios para llamar a otros a ministrarles. Pienso en el líder apostólico Ché Ahn, quien fue poderosamente tocado en Toronto, y que ha sido usado para comenzar una red apostólica de iglesias con un fuerte compromiso en establecer iglesias alrededor del mundo, especialmente en Asia. Pienso en los cientos de buenas almas que han tomado vacaciones y utilizado sus ahorros en viajes misioneros a corto plazo alrededor del mundo. Tan solo en los últimos nueve años unas cinco mil personas han viajado con nuestro ministerio Global Awakening a diversos países.[5] Las últimas veces que he predicado en Toronto, he preguntado: "¿Cuántos aquí han viajado a algún país desde que fueron tocados en Toronto?". Me impresiona ver la cantidad. No exagero al decir que prácticamente la mitad de la audiencia había viajado a otro país. Esto no es lo normal en una congregación promedio.

Global Awakening ha estado enviando de doce a diecinueve equipos cada año a diferentes países, conteniendo cada equipo de veinte a ciento veinte integrantes. Ahora mismo estoy escribiendo esto en la sala de espera de un aeropuerto esperando un vuelo hacia São Paulo, en donde me reuniré con doscientos noventa y nueve jóvenes para nuestra Invasión de Poder Juvenil. Estos jóvenes, todos entre trece y veintinueve años, serán los maestros, predicadores y ministros del futuro. Hace dos semanas enviamos a dos de nuestros practicantes a unirse a Rolland y Heidi Baker en un viaje misionero de largo plazo en Mozambique. Dos practicantes más se van en cinco meses para unirse a Leif Hetland y ayudarlo en su trabajo misionero.

En la primavera de 2004 yo estaba junto a un equipo en Mozambique. Durante ese viaje, recibí tres palabras proféticas independientes en un período de veinticuatro horas, y todas concordaban. Las fuentes fueron Heidi Baker, Lesley, Lesley Ann Leighton (la "gemela espiritual" de Heidi) que recibió un espíritu y una unción similares a la de ella) y la profetisa Jill Austin. La palabra fue: "Randy, Dios quiere saber si estás dispuesto a ser el padre de un nuevo movimiento misionero". Las tres ocasiones respondí con un rotundo sí, pero sentí varias cosas en relación a este palabra. Primero, no me sentí calificado para liderar un nuevo movimiento misionero. Sentía que Dios no solo debía llamarme a mí sino a otros líderes de la iglesia para que también se convirtieran en padres de este nuevo movimiento misionero. Y estaba totalmente al tanto de mi incapacidad de saber qué hacer para llevar a cabo esa palabra. Ahora, años después, tengo la paz de saber algo que aprendí de mi amigo Leif Hetland: "Esta es una promesa, no un problema. Si es una promesa debes recibirla. Si es un problema debe ser alcanzado".

Me di cuenta de que esta palabra iba mucho más allá de lo que yo podía alcanzar, así que decidí simplemente sentarme a observar cómo Dios me la daba como promesa. Con todo lo que Dios ha hecho desde entonces he podido armar un nuevo libro sobre la obra misionera, llamado *Supernatural Missions: The Impact of the Supernatural on World Missions* (Global Awakening, 2012). También escribí un pequeño libro de nombre *God Can Use Little Ole Me* (Destiny Image, 1998). Su título resume mi testimonio y mi mensaje básico para la iglesia. Cuando miro mi pasado, con mis limitaciones y las cosas que consideré fracasos, veo de manera completamente distinta lo que Pablo escribió en Efesios 3:20–21: "Al que puede hacer muchísimo más que todo lo que podamos imaginarnos o pedir, *por el poder que obra eficazmente en nosotros*, ¡a él sea la gloria en la iglesia y en Cristo Jesús por todas las generaciones, por los siglos de los siglos!" (Itálicas añadidas).

¡Dios debe ser glorificado en su iglesia y a través de ella! Él es glorificado cuando finalmente entendemos que no se trata de lo que nosotros podemos hacer, sino de lo que haremos a través de su poder si se lo permitimos. Permítame compartir algunos testimonios de personas que pensaban que eran "demasiado poco" hasta que recibieron el toque poderoso del Espíritu Santo. Voy a relatar la primera historia, y luego dejar que los demás cuenten sus historias con sus propias palabras. En cada caso, estas personas se dieron cuenta de que Dios tenía mucho más para ellos que todo lo que pudieron pensar o imaginar.

John Gordon, Illinois

John Gordon es un laico que asistió a nuestra iglesia durante mucho tiempo, e incluso formó parte de la directiva durante varios años. John nunca tuvo una experiencia con Cristo. Él le contará con sus propias palabras que tuvo una falsa conversión. John se molestó conmigo por todo lo que estaba ocurriendo con el asunto de las sanaciones, y por lo que se estaba enseñando en la iglesia. En la mente de John, lo que estaba ocurriendo no era de Dios. A pesar de su incredulidad, John experimentaría dos poderosas imparticiones que cambiarían su vida completamente.

Dios le dio a John su primera impartición en marzo de 1984, durante nuestra conferencia de sanación con Blaine Cook. John estaba parado en la parte de atrás de la iglesia, la cual estaba repleta. Estaba apoyándose con su mano en la pared. Cuando Blaine hizo la invitación, dijo: "Yo no quiero que pasen al frente solo porque desean que yo ore por ustedes. Yo quiero ver lo que Dios va a hacer y a quién va a tocar. Algunos aquí recibirán el don de sanación esta noche. Si comienzan a temblar o a llorar; si comienzan a sentirse pesados, como que no pudieran mantenerse de pie por la presencia de Dios; si sus manos se calientan o hormiguean; si sienten electricidad en la cabeza o calor en su pecho; entonces ahí es que van a pasar al frente para que ore por ustedes".

Cuando John escuchó estas palabras, inmediatamente dijo con incredulidad: "¡Qué sarta de tonterías!". Apenas terminó de pronunciarlo, el Espíritu Santo descendió sobre él. La mano que tenía contra la pared comenzó como a despertar de un largo sueño. Luego comenzó a sentir lo mismo en la otra mano. Ambas manos comenzaron a temblar, y la intensidad fue aumentando gradualmente, al punto de que sus manos se le durmieron. Sintió el calor de Dios, y se tuvo que doblar por el peso de la gloria. Comenzó a llorar, pero no con lágrimas, sino con fuertes sollozos. Cuando comenzó a caminar por el pasillo central de la iglesia, me vio y gritó:

—¡Ayúdame Randy! ¡Ayúdame Randy! ¡Ayúdame Randy!

—¿Qué ocurre?—le pregunté.

—He llorado tanto que no aguanto un ojo. Necesito sacarme el lente de contacto pero no puedo porque mis manos están temblando demasiado—me dijo.

—John, tal vez esa sea palabra de conocimiento—le repliqué, dado que el sermón que acababa de terminar trataba sobre ese tema; a lo que me contestó:

—Tú y esas "palabras de conocimiento". Yo no creo en eso.

Inmediatamente, una niña de catorce años llamada Tammy, dijo:

—¡Ese es mi ojo! Acabo de llegar del oculista, y me dijo que tienen que operarme de los ojos.

John, quien unos minutos antes se estaba burlando de lo que estaba diciendo el predicador, dejó de temblar, se volteó, y comenzó a orar por el ojo de Tammy, el cual se curó inmediatamente. Solo se necesito un minuto de unción para que alguien que se burlaba del ministerio comenzara a ministrar de la misma manera de lo que se burlaba.

Más tarde en el mismo servicio, John estaba de pie junto al púlpito. Yo estaba a su lado, y lo escuché decir: "Dios mío, no puedo permanecer más de pie. ¡Me vas a matar!". Yo había leído libros biográficos sobre avivamientos del siglo XIX, y al hacerlo sentía como que yo había nacido en el siglo equivocado. Había leído sobre Finney y Moody, quienes también afirmaron en algunas ocasiones que morirían si el poder de Dios continuaba fluyendo a través de ellos. Siempre deseé vivir durante una época de avivamiento. Yo sabía que John no había leído estos libros, así que cuando lo escuché decir: "¡Me vas a matar!", pensé: *¡Estoy en un avivamiento!* John jamás fue el mismo, y aún sigue sanando gente en Illinois, incluso más que algunos pastores de la región.

John tuvo otra experiencia poderosa con el Espíritu Santo relacionada con impartición para liberación. A John y a mí nos pidieron que oráramos por una mujer que estaba teniendo convulsiones. Su familia había estado involucrada con ciertas actividades diabólicas, y se pensaba que las convulsiones tenían un origen demoníaco. La noche antes de orar por ella, John fue atacado por un espíritu maligno mientras dormía. Al invocar el nombre de Jesús, John fue arrebatado en una visión y pudo ver que esta mujer endemoniada había sido violada cuando tenía dieciséis años. En la visión, John recibió información específica sobre esta mujer, además de los nombres de los dos demonios que se posesionaron de ella como resultado de esta traumática experiencia. Cuando John y yo oramos por la mujer, los demonios comenzaron a manifestarse. John se acercó a ella y habló con los demonios, llamándolos por su nombre. Esto hizo que la mujer exhibiera manifestaciones demoníacas mucho más fuertes. Entonces John les ordenó a los dos demonios que salieran de ella, lo cual hicieron.

John aún vive el fruto de aquella impartición. Un día, John estaba conduciendo cerca del Instituto de Cáncer Bethesda, al sur de Illinois. Cuando pasaba por el frente del edificio, dijo: "Quisiera tener la oportunidad de orar por cien pacientes de cáncer". Un poco después, John recibió una llamada del director del instituto, pidiéndole si quería participar en un estudio para determinar los efectos de la oración sobre los pacientes. ¡Quería que John orara por cien pacientes! John aceptó.

Varias sanidades ocurrieron como resultado de las oraciones de John, incluyendo a un hombre que vio en visión a John entrando en su habitación para orar por él. Este hombre se curó, y su fe tuvo un impulso como resultado de la experiencia. La impartición de John ocurrió hace décadas, y sigue siendo una de las personas con más fuego espiritual que conozco para orar por sanación y liberación.

Anne Stepanek

Charlotte, Carolina del Norte

En mayo de 2004, asistí con un amiga a la primera Escuela de Sanación [de Global Awakening] en Everett, Washington. Yo llevaba nueve años orando por los enfermos con resultados mínimos, y jamás había visto a nadie curarse instantáneamente al orar. Bien, la Escuela de Sanación cambió todo eso.[6] El último día de clases oré por una mujer con problemas en sus rodillas y su espalda, ¡y esta se curó instantáneamente! El día que regresamos a nuestra casa en Carolina del Norte, mi amiga oró por teléfono con una mujer que tenía mucho dolor en una rodilla, ¡y esta también se sanó de inmediato! Seguimos orando por los enfermos, y vimos cada vez más sanidades.

Estábamos tan emocionados, que adiestramos a muchos en nuestra iglesia con el **Manual de Entrenamiento del Equipo Ministerial** de Global Awakening. ¡Durante las sesiones de entrenamiento los presentes comenzaron a sanar! Durante dos sesiones de práctica se oró por un niño de seis años que tenía un hoyo en su corazón. ¡La siguiente semana el niño fue a una cita médica y el hoyo había desaparecido! Vimos un aumento de las sanaciones en los servicios de nuestra iglesia, y la gente comenzó a orar por otros, incluso en sus lugares de trabajo, en tiendas, en parques y en consultorios médicos. Dios sanó a muchos de manera milagrosa, algunos instantáneamente y otros en cuestión de días. Lo que Dios está haciendo es asombroso. No puedo creer que Dios pueda usar a una simple mamá como yo para liberar su poder en las personas que pone delante de mí diariamente.

Carole Baerg

Toronto, Canadá

Fue en enero de 1994 que mis amigas literalmente me arrastraron a una reunión en la Toronto Airport Vineyard. Estas amigas habían preparado una habitación de su casa para que yo pudiera quedarme con ellas durante las últimas semanas que me quedaban de vida. ¡Los médicos decían que solo tendría de seis a doce semanas! Los últimos doce años había tenido tanto dolor, que ya lo que esperaba era el final. Cada día era una lucha para vivir.

Cuando llegó el momento de ministrar al final del servicio, mis amigas me llevaron a donde estaba Randy para que orara por mí. Cuando Randy impuso sus manos sobre mí, lo escuché decir: "Hay suficiente tristeza en la iglesia, ¡y ya ha sido demasiado sufrimiento para ti!".

¡Cuando Randy dijo eso, caí al suelo "borracha" instantáneamente de gozo! No recuerdo mucho sobre las siguientes dos semanas, excepto que estaba totalmente intoxicada con el amor y el gozo del Señor. Una noche, mientras estaba sentada al frente, no podía cerrar mi boca. Randy se acercó y "derramó más" en mi boca. Se trataba solo de un gesto simbólico, pero me di cuenta de que la palabra hablada fue "Abre bien la boca, y Él te la llenará" (ver Sal. 81:10). ¡Yo estaba tan ebria en el Espíritu Santo que me tomó tres días darme cuenta de que ya no tenía dolor!

Después de dos semanas me pidieron que compartiera mi testimonio en una conferencia de mujeres. Cuando traté de contar mi experiencia, me sorprendió descubrir que no podía hacerlo por lo colmada que estaba del Espíritu Santo. ¡Tuvieron que ayudarme para que me pudiera sentar! Más tarde, varias damas se acercaron y preguntaron si había alguna manera de recibir lo que yo tenía. ¡Qué impresión tuve al enterarme de que podía "traspasarlo" a los demás!

Mis amigos en el ministerio me pidieron que comenzara a compartir mi impartición, así que comencé a viajar un poco con ellos. El Espíritu Santo tocó a muchos a través de sanaciones, renovaciones, y muchos momentos especiales en el Espíritu. Un grupo de pastores llegó de Europa en octubre de 1994, y les impusimos las manos. Cuando el líder del grupo se levantó, preguntó si podíamos viajar a Bélgica y compartir la impartición durante la apertura de su centro ministerial en ese país. Así fue como comencé a viajar a Europa. Desde ese momento todo ha corrido de boca en boca. ¡Cuando comencé a viajar fue sorprendente porque yo tenía la percepción de que las mujeres no hacemos estas cosas!

El siguiente año, estando en Bélgica, una mujer se acercó con su hija, que tenía entre ocho y nueve meses de embarazo. El bebé estaba muerto, y los médicos le habían dicho que esperara una semana para que diera a luz el feto. ¡Esto me aterró! ¡**No puedo hacer esto!**, pensé. Comencé a orar: "Padre, no tengo la fe suficiente para esto...".

No sé si algo pasó ese día, pero tres años después, estando nuevamente en Bélgica, un pequeñín corrió hacia mí, me abrazó, y me dijo: "Yo soy el bebé milagro". Me encontré a su abuela y, efectivamente, ¡se trataba del bebé por quien había orado!

Aún estoy descubriendo el don que Randy me impartió. En septiembre de 2014 estaba en un servicio cuando la esposa del pastor de la iglesia guió a un ancianito con mucha asma hasta el frente y me pidió que orara por él. Descubrí que su corazón estaba muy afectado. ¡Este hombre está ya de salida! **¿Qué se supone debo pedir en la oración?**, me dije. **Bueno, tal vez Dios le dé un nuevo corazón.** Esa noche oré por él, pero tenía que irme de ese lugar porque había terminado la conferencia.

Unos días después me llamó una amiga muy emocionada. "¿Recuerdas el ancianito de ochenta años con el corazón enfermo y con asma? Pues bien, ¡ahora tiene un corazón nuevo! ¡Anoche estaba bailando en la plataforma, y corriendo por el salón, hablándonos de su corazón nuevo!".

En un vuelo que tomé hace poco, mientras pensaba en lo que me había ocurrido, me dí cuenta de que yo soy una especie de "primicia" de este avivamiento. Creo que la mía fue la primera gran sanidad en Toronto. La herencia de este avivamiento es la sanación, y yo estoy recorriendo esa herencia. Entender esto ha hecho que alcance un nuevo nivel en la fe, y que mi nivel de autoridad aumente. ¡Ya han pasado más de once años y aún sigo aprendiendo de esto! Creo que vamos a seguir viendo sanaciones, cada vez más impresionantes.

Tengo sesenta y cuatro años y viajo de manera constante a unos doce países, la mayoría en Europa. ¿Cómo se han abierto todas estas puertas? El Espíritu Santo toca a una mujer en Suiza, y luego esta le habla a una amiga en Colonia, Alemania. Así, van invitándome a hablar en iglesias, y también "alrededor de la mesa de la cocina". Es algo que se multiplica constantemente más allá de mí misma. Una mujer por quien oré en Holanda se curó de leucemia. Ahora es misionera en otro país.

Hay una pasión en mí por ver a la gente emocionada y enamorada de Jesús, especialmente a los jóvenes. Cada vez veo más liberaciones del miedo y la depresión. Creo que he tenido muchas oportunidades de ministrarles a los jóvenes por la gran preocupación que ellos tienen en cuanto a la muerte, y eso me conmueve.

Acabo de regresar de Alemania, donde Dios abrió puertas para ministrar a los refugiados de Kirguistán. Uno de los pastores vio a una mujer que había sido sanada de sordera, y me preguntó: "¿Puede Dios hacer eso también por mí?". Oré por este pastor sordo, ¡y Dios también lo sanó! Lo más asombroso fue adentrarnos en el bosque Bávaro y encontrar gente increíblemente humilde sedienta de la Palabra de Dios. Ahora que han sido encendidos por Jesús, están ansiosos de salir a realizar la obra en sus propias comunidades.

Yo antes creía que lo que estoy haciendo ahora era algo que solo los líderes, los pastores y sus esposas podían hacer. Pero Dios me está usando, ¡y es formidable! La intención de este avivamiento es que nos apoderemos de lo que Dios nos ha dicho. No debemos decir: "No, yo no", sino "¡Que descienda la gloria!".

Hace veinte años estaba lista para morir. ¡Ahora estoy más llena de vida y alegría que nunca! Tengo una gran seguridad en mi Padre. ¡Él me ama! Las palabras que Randy proclamó sobre mí son el mensaje de mi vida, y el mensaje que doy: "Iglesia, ya ha sido demasiado sufrimiento para ti!".

Ver con los ojos de Dios

Es posible que nosotros nos veamos como poca cosa para llevar a cabo ciertas tareas, pero ante los ojos de Dios no es así. La percepción humana ciertamente no es la percepción de Dios. En los malolientes y humeantes vertederos de basura de Maputo; en las planicies azotadas por las enfermedades a lo largo del río Zambeze; en las barriadas, los campos abandonados plagados de minas antipersonales, el ministerio de los Baker busca a los "hermanos más pequeños", los marginados, los despreciados, y los olvidados por el mundo. Sus propias familias no ven valor en ellos, con excepción tal vez del valor que podrían tener vendiendo su cuerpo en las calles. En el mundo occidental muchos los ven como una carga para los recursos de la tierra, y preferirían que no hubieran nacido. ¡Cuánta falta nos hace poder ver como Dios lo hace! Él es sin duda *El Roi*, el Dios que ve (ver Gn. 16:13). Él ve más allá del daño que han causado los pecados de los hombres, ve más allá de la obra del enemigo, porque ve de acuerdo a su promesa, a través de los ojos del amor.

Dios cambia nuestra percepción de nosotros mismos y de los demás, y nos capacita para ver como Él ve, además de darnos poder para hacer lo que Jesús hizo, e incluso cosas mayores, para la honra del Padre. No importa quiénes somos o de dónde venimos, ni tampoco si ocupamos "una posición importante en el ministerio", o si estamos sentados en la parte de atrás de la iglesia sintiéndonos "poca cosa", nadie está a salvo de ser revestido de poder de lo alto. Aunque estamos acostumbrados a que Dios toque poderosamente a los más fuertes que pueden "conquistar el Reino con la fuerza", todo tiene su excepción. Si usted piensa que es poca cosa, prepárese, ¡porque usted puede ser uno de ellos!

PARTE 4

La restauración de la doctrina perdida de la impartición

"Ejercita el don que recibiste mediante profecía, cuando los ancianos te impusieron las manos".

— *1 Timoteo 4:14*

"Por eso, dejando a un lado las enseñanzas elementales acerca de Cristo, avancemos hacia la madurez. No volvamos a poner los fundamentos, tales como el arrepentimiento de las obras que conducen a la muerte, la fe en Dios, la instrucción sobre bautismos, la imposición de manos, la resurrección de los muertos y el juicio eterno".

Hebreos 6:1 2

9

La herencia de los santos

Impartición y visitación

Desafortunadamente, nuestra cultura eclesiástica actual le da poco valor al rico y valioso legado de la iglesia histórica. Vivimos la época de lo nuevo y de lo actual, en la que los cambios y los avances en todos los aspectos de nuestras vidas nos bombardean a un ritmo asombroso. Si un teléfono con disco de marcar nos parece algo antiguo, cuánto más no lo será algo del siglo pasado. Como resultado, tendemos a ver las manifestaciones actuales del Espíritu a través del pequeñísimo orificio del presente, en vez de verlas con el telescopio de la historia. La nuestra es la historia maravillosa de cómo Dios ha actuado por medio de su pueblo a través de toda la era de la iglesia.

Esta historia nos da el contexto y un entendimiento claro sobre lo que está ocurriendo en el mundo en este momento. En vez de ver el movimiento de avivamiento actual como algo aberrante y extraño, apartado de lo que es "normal" para Dios, en las siguientes páginas veremos que muchas veces Dios ha decidido invadir a su pueblo con la gloria de su presencia manifiesta.

Desde los días de los padres de la Iglesia primitiva, pasando por el Oscurantismo, el Siglo de las Luces, y llegando al presente, podemos ver una cronología marcada por las pisadas de Jesús, quien ha permanecido entre nosotros renovando el remanente y restaurando el poder y la vitalidad de la Novia.

A través de una mirada al linaje de los santos, trataré de mostrar señales, maravillas y otros fenómenos que muchos creyentes actuales consideran ajenos al ámbito de la cristiandad ortodoxa, pero que siempre formaron parte de lo que Dios tenía planeado para su iglesia. Cuando Jesús prometió el Espíritu Santo, jamás estableció un límite de tiempo a la plenitud de su presencia. Cuando Pablo explicó los dones que da el Espíritu, jamás dijo que eran temporales. Si todos los dones y recursos del cielo eran necesarios para los primeros cristianos, ¿cómo se supone que los últimos cristianos van a ser capaces de realizar la gran cosecha final sin ellos? ¿Por qué Dios habría de habilitar a sus hijos con "poder de lo alto" al principio de la carrera, y luego abandonarlos para que se arrastraran debilitados y vacíos justo antes de la meta?

Yo no creo que Jesús va a regresar a buscar a un pueblo remanente tibio y debilitado que a duras penas ha logrado llegar hasta el final con la esperanza de ser raptado antes de que su fe sea puesta a prueba. Por el contrario, creo que apenas estamos comenzando a ver su movida más poderosa de todos los tiempos. ¡Jesús viene a buscar a una Novia radiante y majestuosa revestida de obras de justicia realizadas en el poder y el nombre del único que no cambia!

Los padres de la Iglesia primitiva

La doctrina cesacionista enseña que no todos los dones del Espíritu Santo están hoy operativos; y que los dones de "manifestación" y de "poder" murieron con los últimos apóstoles originales y ya no son necesarios, pues contamos con el canon completo de las Escrituras. Los siguientes pasajes que demuestran lo contrario han sido extraídos de las obras de los Padres Prenicenos, escritos antes del Concilio de Nicea en el 325 d. C. Los Padres Prenicenos fueron los discípulos de los primeros discípulos, la primera generación de líderes después de que los apóstoles murieron. Sus ministerios de sanidad y liberación testifican de la obra milagrosa del Espíritu durante ese tiempo.

Durante la historia de la iglesia cristiana primitiva estos dones del poder manifiesto de Dios no fueron "experiencias esotéricas emocionales" como algunos califican a las señales y maravillas que vemos hoy. Fueron elementos centrales del evangelio predicado por estos discípulos, el cual era un evangelio de salvación integral. Predicaban a un Jesús lleno de compasión que se ocupaba de las enfermedades físicas y del alma. Predicaban a un Jesús que libraba a las personas de la opresión de seres demoníacos, así como de la esclavitud del pecado. En resumen, ¡predicaban las buenas nuevas!

Justino Mártir
(100–165; martirizado en el año 165 d. C.)

Justino Mártir escribió en su *Apología* dirigida al Emperador romano:

"Innumerables endemoniados en todo el mundo, y en su ciudad, fueron exorcizados en el nombre de Jesucristo por muchos de nuestros hombres cristianos [...] los han sanado y siguen sanando, interpretando su desvalía, expulsando a los espíritus que los poseían. A pesar de que no pudieron ser curados por todos los demás exorcistas ni por los que usaron menjurjes y encantamientos".[1]

En relación a los dones carismáticos, o dones que Dios derrama sobre los creyentes, Justino Mártir se refiere en diversas ocasiones al poder para sanar como uno de los dones particulares que estaba siendo recibido y usado en la iglesia.

Hermas de Roma
(murió alrededor del 150 d. C.)

En *El pastor de Hermas* uno puede darse cuenta del gran hincapié que se hacía en el ministerio de sanación en la iglesia prenicena. Hermas escribió: "Aquel que, por lo tanto, conozca la calamidad de alguien así, y no lo libere de ello, comete un gran pecado, y es responsable de su sangre".[2]

En relación a esto, Morton Kelsey comenta en su libro *Healing and Christianity: A Classic Study*:

"De hecho, la sanación de enfermedades físicas era vista durante este período como una evidencia concreta de que el Espíritu de Cristo estaba presente y obrando entre los cristianos. Como las enfermedades físicas y mentales eran síntomas de dominación por parte de entidades demoníacas, el poder para curar enfermedades era entonces una evidencia clara de que el espíritu opuesto, el Espíritu de Dios, operaba en el sanador. De esta forma, era común de que se hablara de la cura de "posesión demoníaca" conjuntamente con la cura de enfermedades por otras causas".[3]

Tertuliano (160–225 d. C.)

En una protesta escrita dirigida al procónsul en el norte de África durante las persecuciones en ese lugar, Tertuliano escribió:

"Uno de ellos [de los funcionarios romanos], que fue señalado de haber sido lanzado al suelo por un espíritu maligno, fue liberado de su aflicción, así como un familiar de otro, y el hijo de un tercero. Y ¡cuántos hombres importantes (por no nombrar los casos entre la gente común) han sido liberados de demonios y curados de enfermedades! Incluso el mismo Severo, el padre de Antonino [el emperador], estaba gentilmente pendiente de los cristianos, y mandó a buscar al cristiano Próculo, llamado Torpación, mayordomo de Evodia; y en gratitud por haberlo curado a través de la unción, lo mantuvo en su palacio hasta el día de su muerte".[4]

Las sanaciones eran simplemente una realidad en la experiencia cristiana de esos tiempos. Los funcionarios paganos podían verificar la veracidad de los informes si lo hubieran creído necesario. Según Kelsey, Tertuliano "identificó de manera específica personas que habían sido sanadas, y testificó de su gran número y de la amplitud de padecimientos tanto físicos como mentales que representaban. En diversas instancias repite que Dios puede devolver las almas a los cuerpos, y muchas veces lo hace".[5]

Orígenes (185-254 d. C.)

En relación a orígenes, Kelsey escribe:

"Orígenes escribió su gran tratado *Contra Celso,* con el propósito de desarmar el paganismo pieza por pieza. En esta obra habla varias veces de cómo los cristianos 'expulsan espíritus malignos, y curan a muchas personas', siendo él testigo presencial de muchas de estas sanidades. Nuevamente: 'El nombre de Jesús puede aún eliminar las distracciones de las mentes de los hombres, y expulsar demonios, y también curar enfermedades'. Este tipo de declaraciones abundan en esta obra, la cual estaba dirigida a los líderes intelectuales de la comunidad pagana".[6]

Kelsey también dice que Orígenes describe en una de sus cartas cómo el bautismo mismo a veces era el medio mediante el cual muchas enfermedades eran curadas, y que había cristianos que vivían y daban sus vidas por la iglesia debido a estas experiencias.[7]

Ireneo (tuvo su apogeo alrededor de los años 175-195 d. C.)

De Ireneo, Kelsey comenta:

"Tal vez la discusión más interesante sobre sanación entre los Padres Prenicenos proviene de Ireneo en Galia, quien sin lugar a dudas escribió con mucho más libertad, ya que de alguna manera no corría el peligro de persecución que enfrentaban la mayoría de estos hombres. Uno de los argumentos que esgrime en *Contra las herejías* es que los herejes no eran capaces de llevar a cabo los milagros de sanación que los cristianos podían realizar. Ellos no tenían acceso al poder de Dios, y por lo tanto no podían realizar sanidades".[8]

Lamentablemente, estos comentarios se convirtieron más tarde en la base de la idea comúnmente enseñada hoy de que a menos de que nuestra doctrina sea ciento por ciento correcta, cualquier milagro o manifestación del Espíritu no puede ser de Dios, sino de naturaleza demoníaca. Esta enseñanza ignora el hecho de que Dios está mucho más interesado en nuestra *relación* con Él que en la perfección de nuestras doctrinas. Los primeros discípulos fueron enviados a sanar a los enfermos y liberar a los endemoniados mucho antes de que llegaron a entender lo que para nosotros son los fundamentos básicos de la fe cristiana. Resumiendo los poderosos encuentros que Ireneo presenció, Kelsey añade:

"Ireneo atestiguó de casi la misma gama de sanidades que se registran en el libro de Hechos. Todo tipo de dolencias físicas, así como muchas enfermedades fueron curadas. Los daños ocasionados por accidentes externos fueron corregidos. Presenció el exorcismo de toda clase de demonios. Incluso describe la resurrección de un muerto. Sus lectores paganos estaban bien al tanto de estos milagros, según se entiende de la lectura, ya que estos eran muchas veces lo que los impulsaba a su conversión.

"*No* hay indicación alguna de que Ireneo *considerara alguna enfermedad como incurable, o alguna sanación como contraria a la voluntad de Dios.* De hecho, su actitud es la de alguien que cree que esta *es una actividad natural de los cristianos, la cual expresa el poder creador de Dios, como miembros de Cristo* [...]. *En un lugar Ireneo dice que la oración y el ayuno de una iglesia completa es tan efectivo que puede levantar a una persona de los muertos*" [itálicas añadidas].[9]

Es muy importante destacar que la intención principal de Ireneo al escribir era refutar las herejías gnósticas de su tiempo. ¿Por qué es importante? Porque muchos sanadores famosos de tradición carismática o pentecostal en este siglo han sido acusados de estar influenciados por el gnosticismo. El gnosticismo afirma tener un entendimiento o revelación especial de las Escrituras, y una comprensión esotérica mayor de los conocimientos "ocultos". Sin embargo, este "conocimiento oculto" del gnosticismo enseña una separación clara de la materia y el espíritu. La materia es maligna, y el espíritu benigno. Por lo tanto, lo que ocurre en el ámbito de la carne, sea enfermedad o inmoralidad, no es de importancia. Como esta enseñanza rebaja al cuerpo físico argumentando que Dios no está interesado en él, no se le da importancia al ministerio de sanación. Los gnósticos simplemente no creen en ello. El ministerio de la compasión de Cristo no tiene lugar en el gnosticismo. ¡Resulta irónico que aquellos que son hoy acusados de tener una influencia gnóstica estén ministrando de una manera completamente contraria al pensamiento gnóstico!

Un testimonio más extenso de los dones continuos del Espíritu se encuentra en los escritos de Teófilo de Antioquía (fallecido alrededor del 181 d. C.); de Arnobio y Lactancio, de finales del Período Preniceno (300–325 d. C.); y de Cuadrado, uno de los primeros apologistas, quien escribió en Roma que las obras del Salvador habían continuado hasta su tiempo, y que la continua presencia de hombres que habían sido sanados no dejaba ninguna duda de la realidad de las sanidades.[10]

Agustín (354–430 d. C.; doctor postniceno de la iglesia)

Agustín fue el teólogo por excelencia en Occidente durante mil años. Su influencia es muy importante para la historia del ministerio de sanación. En sus primeros años de ministerio, Agustín fue un crítico de las sanaciones:

"Estos milagros ya no son permitidos en nuestro tiempo para que el alma no se habitúe a pedir siempre cosas que puedan verse, y acostumbrándose a ellas, se enfríe hacia esas cosas cuya novedad fue precisamente lo que hizo que se prendieran en fuego".[11]

Sin embargo, unos cuarenta años después, cambió de opinión respecto a esta posición que parecía antagónica con la idea del ministerio de sanación continuo en la iglesia. En su último trabajo, y el más importante, *La ciudad de Dios* (terminado en el año 426), escribió una sección completa en la que le da mucho valor al ministerio de sanación continuo. En ella, afirma que más de setenta sanaciones habían sido registradas en su propio obispado de Hippo Regius durante dos años. Después de la curación de un ciego en Milán, Agustín escribió: "Tantas otras cosas de este tipo han ocurrido, incluso hasta ahora, que se nos hace imposible conocerlas todas, o contar todas las que sabemos".[12]

Más tarde, los escritos de Agustín tendrían una influencia enorme sobre los reformadores Martín Lutero y Juan Calvino. Los sólidos puntos de vista de Agustín sobre la predestinación y la soberanía de Dios hicieron que la iglesia abandonara la perspectiva tradicional de la guerra cósmica, por la perspectiva del plan divino. La perspectiva de la guerra cósmica ve las consecuencias de la maldición del pecado como la obra de un enemigo al cual la iglesia tiene la autoridad y el poder de enfrentar. Según este punto de vista histórico la iglesia debe continuar la obra de Cristo, quien vino "para destruir las obras del diablo" (1 Jn. 3:8).

Según la perspectiva del plan divino, los cristianos comenzaron a considerar que todas las cosas habían sido predestinadas, y a aceptar pasivamente lo que creían que era la voluntad de Dios. Esto definitivamente tuvo un efecto muy negativo en la teología de la sanación. En aras de la veracidad histórica, es importante recordar que antes de que Agustín muriera, esta alcanzó notoriedad por la unción de sanación y la autoridad para liberar que fluía de su propia vida.[13]

¿Qué ocurrió?

Al echar una mirada sobre los primeros cuatrocientos y tantos años de la historia de la iglesia, podemos darnos cuenta de que el mensaje colectivo de los primeros padres era: "Los milagros no han cesado. ¡Aún ocurren!". ¿Por qué entonces tenemos tanta división hoy en la iglesia sobre este tema? ¿De qué manera la iglesia, que fue testigo de tantas curaciones milagrosas durante sus primeros quinientos años, se cerró tanto y se volvió tan escéptica en relación a este ministerio fundamental? Creo que hemos errado al considerar la redención que tenemos en Cristo como algo que pertenece completamente al futuro, realizando solo cambios morales en la vida presente. Estoy convencido de que esa no era la manera de pensar de la Iglesia primitiva. Ellos creían en un poder presente que no era solo capaz de realizar un cambio moral, sino que tenía autoridad sobre los demonios y las enfermedades. Experimentaban la realidad de los dones espirituales en las vidas de las personas, especialmente en la vida de la congregación como entidad.

Este libro ciertamente trata sobre la doctrina de la impartición y la unción, pero para poder abordar directamente el tema, necesitamos entender la validez *por la cual* la unción es dada. ¿Unge aún Dios a su pueblo para que obre señales y maravillas? Cuando vemos ministerios que obran milagros de sanación, liberación, e incluso resurrección, ¿podemos estar seguros de que es Dios quien está detrás de todo? ¿Qué podemos decir de esas reuniones en las que hay una percepción de lo sobrenatural y se manifiestan toda clase de respuestas emocionales y físicas? ¿Puede ser esta la obra del Espíritu Santo? La mayor parte del cristianismo de Europa y Norteamérica responderá que no, ¡pero la mayoría de los cristianos en Asia, África y Latinoamérica responderán que sí!

Pero repito, el contexto histórico es importante para entender la manera en que la Iglesia ha sido influenciada en su interpretación de las Escrituras. Más adelante trataré un poco este tema en el capítulo "Construyendo puentes para que otros puedan recibir", pero en este libro solo haré un breve resumen de nuestra historia teológica, ya que se trata de un tema muy extenso que podría llenar un libro completo (quienes estén interesados en este tema, pueden adquirir materiales más completos, así como referencias a otros excelentes recursos en la página de internet de Global Awakening).

Reforma y razón

En el siglo XIII, antes de la Reforma, Tomás de Aquino ya había comenzado a adoptar una postura teológica antisobrenatural. La civilización occidental se había desmoronado, y estaba diezmada por la corrupción, la anarquía, y las epidemias. Las ciudades estaban vacías. La educación había colapsado. La muerte y la desesperación estaban presentes por doquier. La gente había perdido la esperanza de algún bien esta vida, y su espiritualidad se dividía entre las preocupaciones cotidianas y la esperanza de la vida venidera.

El aristotelismo se convirtió en la base sobre la que surgió la cultura árabe. En este contexto, Aquino escribió la mayor parte de su *Summa Theologiae*, la cual fue creada como una obra apologética dirigida a los árabes. En un intento por ser relevante en el entorno filosófico del momento, Aquino enfocó su obra como una síntesis de ideas cristianas y aristotélicas.[14] Era una teología basada en los sentidos y en la capacidad de razonar, lo cual dejaba poco espacio para lo sobrenatural en lo pertinente a la vida terrenal. Los escritos de Aquino se convirtieron en una referencia teológica para la Iglesia durante cientos de años.

Curiosamente, al final de su vida Aquino cambió. Tuvo un encuentro sobrenatural con Dios y el 6 de diciembre de 1274 escribió: "*No puedo escribir más. Todo lo que he escrito me parece insignificante comparado con lo que he visto y lo que me ha sido revelado*" (itálicas añadidas). Tres meses después Aquino falleció en un viaje misionero para el Papa, y otros tuvieron que terminar su libro.[15] Jamás sabremos qué habría escrito de haber vivido lo suficiente para poder procesar su experiencia y ajustar su teología.

Los reformadores

El 30 de octubre de 1517 Martín Lutero clavó sus 95 tesis en la puerta de la Iglesia de Wittenberg en Alemania, dando inicio formalmente a lo que conocemos como "la Reforma". Ni Lutero ni Calvino desafiaron la síntesis aristotélica de Aquino en sus escritos. Irónicamente, Lutero oró para que Philipp Melanchthon, reformador y sistematizador de su doctrina, fuera sanado cuando estaba cercano a la muerte. Melanchthon fue sanado. Lutero tuvo también el don de la fe, el cual hizo que un amigo y colega se sanara. En 1540, el reformador luterano Friedrich Miconio (1490–1546) enfermó y estaba a punto de morir. El siguiente pasaje nos da más detalles sobre la manera en que Lutero oró por sus amigos enfermos. En vez de realizar una oración de tipo "sea hecha tu voluntad", yo veo una oración de tipo "sea hecha mi voluntad" en sus palabras. ¡Interesantísimo! Me temo que muy pocos luteranos conocen este lado del ministerio de Lutero. Lo siguiente ocurrió el 2 de julio de 1540:

"Melanchthon se dirigía hacia el lugar donde deliberarían cuando, meditando en este infeliz asunto, sus lágrimas y sus dudas hicieron que sobreviniera una enfermedad repentina ya casi para llegar a Weimar, la cual lo llevó al borde de la muerte. La noticia de su estado llegó a Wittenberg, y Lutero, en su carroza del Elector, se apresuró a Weimar. Al llegar, aparentemente encontró a Philipp prácticamente muerto. No pensaba, hablaba, ni escuchaba. Su expresión era vacía y perdida. Sus ojos estaban cerrados, y parecía estar como en un sueño de muerte. Lutero expresó su asombro a sus compañeros de viaje: '¡Cuán terriblemente ha perjudicado el diablo a este ser!', y entonces, según su costumbre, volteando hacia la ventana oró con todas sus fuerzas. *Le recordó a Dios las promesas de la Biblia, y le imploró que las cumpliera, a riesgo de que no creyera más en Él* (las cursivas son mías. Fíjese que suena como una oración realizada por un ministro de "Word of Faith"). Apenas terminó de orar, tomó la mano de Melanchthon y lo llamó con un tono animado: ¡Anímate Philipp, no vas a morir! Dios tiene buenas razones para matarte, pero Él 'no se alegra con la muerte del malvado, sino con que se convierta de su mala conducta y viva'. Él desea vida, no muerte. Si Adán y Eva, los mayores pecadores que vivieron sobre esta tierra, fueron aceptados por Dios en su gracia, ¿cómo crees tú, Philipp, que Él te va a abandonar y dejar que perezcas en tus pecados y tu pusilanimidad? No le des cabida al desaliento. No te mates tú mismo. Déjate caer en los brazos del Señor, quien es el que quita y da la vida'. Ante estas palabras Melanchthon mostró una reacción súbita, como si hubiera sido halado de la muerte a la vida. Respiró enérgicamente, y después de un rato miró a Lutero y le imploró: "No lo retengas; él estaba en un buen viaje; y nada mejor podría ocurrirle". Lutero replicó: "No es así, Philipp, debes servir a nuestro Señor un poco más". Cuando Melanchthon fue recobrando gradualmente el ánimo, Lutero con sus propias manos le trajo algo de comer y rechazó su repugnancia con la amenaza: "Escúchame, Philipp, vas a tener que comer, o si no te excomulgo".

A principios del siguiente año, la salud de Miconio, el mejor amigo de Lutero, comenzó a deteriorarse rápidamente, y le escribió una carta al reformador contándole que "estaba enfermo, no de muerte, sino de vivir". Lutero oró fervientemente para que Miconio "no pasara por el velo a descansar, aunque quedara a la intemperie en medio de demonios", y le escribió a su amigo diciéndole que él sentía que sus oraciones serían escuchadas, y que por la misericordia de Dios sus días serían alargados, incluso más que los suyos. Miconio fue levantado nuevamente del borde de la sepultura, y finalmente vivió siete años más que Lutero".[16]

El final de la oración de Lutero de hecho dice: "Hasta luego querido Frederick. El Señor me ha dado garantía de que no voy a presenciar tu partida mientras yo viva. Él va a hacer que tú vivas más que yo. Esa es mi oración y mi deseo. *Que se haga mi voluntad*, porque no es por capricho que lo hago, sino para la gloria del nombre de Dios. Amén".[17] (itálicas añadidas).

Mientras buscaba la cita de la oración de Lutero hecha por Miconio, me topé con un interesantísimo libro escrito en 1832 de nombre *The Suppressed Evidence: Or Proofs of the Miraculous Faith and Experience of the Church of Jesus Christ in All Ages* [La evidencia suprimida: Pruebas de la fe milagrosa y la experiencia de la Iglesia de Jesucristo en todas las edades], escrito por el reverendo Thomas Boys, profesor del Trinity College, en Cambridge.[18] Esta obra parece ofrecer evidencias de que incluso los mismos reformadores creían en milagros y en la posibilidad de que estos ocurrieran en su época.

Tanto Calvino como Lutero se sentían obligados a desafiar la autoridad de la Iglesia Católica Romana. Debo advertir que estoy simplificándolo al máximo, pero en palabras generales, su razonamiento era este: "Como los católicos están usando curaciones para darle validez a falsas tradiciones, estas curaciones son por consiguiente falsas o la obra del diablo".

Los reformadores exigían un regreso a la autoridad objetiva de las Escrituras y, en el proceso, se volvieron marcadamente antisobrenaturales. No es difícil entender la animosidad de los reformadores y por qué desechaban tan vehementemente cualquier cosa que pudiera reforzar lo que para ellos era una grosera pretensión ilegítima de autoridad espiritual. Debemos tener en cuenta los horrores que estaban ocurriendo en ese momento, cometidos en el nombre de Dios. Los protestantes eran perseguidos con saña, torturados y quemados en la hoguera por parte de organismos religiosos que habían perdido completamente su conexión con la Palabra de Dios.

En esa misma época, un grupo conocido como los anabaptistas apareció en escena. Estos estaban teniendo experiencias proféticas subjetivas y reveladoras. Calvino y Lutero pensaban que esto amenazaba y erosionaba aún más el regreso a la autoridad de las Escrituras, especialmente si estas profecías no se ajustaban a los que decía la Palabra.

La Edad de la Razón

Junto a esta necesidad adoptada de rechazar lo sobrenatural, vino la Edad de la Razón. La Revolución Científica de los siglos XVIII y XIX en Europa afectó enormemente la interpretación de las Escrituras por parte de la Iglesia. Comenzó a haber escepticismo contra cualquier cosa que no tuviera una explicación material o natural, y que no estuviera dentro de los límites de la comprensión y la lógica humana.

Estas dos fuerzas, el cesacionismo de los reformistas y el escepticismo científico, especialmente en la época posterior a Darwin, se unieron radicalmente para cambiar el paisaje teológico en relación a las obras sobrenaturales de Dios en el presente. La "alta crítica", que buscó explicar todos los milagros de la Biblia en términos naturales, nació en los seminarios alemanes. En cuestión de cincuenta años, el rechazo a las obras sobrenaturales en el mundo actual comenzó a enseñarse en la mayoría de los seminarios de Estados Unidos. A finales del siglo XIX ya se enseñaba ampliamente, afirmando incluso que los "milagros" bíblicos no habían ocurrido. El "razonamiento adecuado" reinaba, prevaleciendo sobre la revelación divina y la experiencia. Si algo no podía ser explicado, simplemente no había ocurrido.

El fundamentalismo apareció en escena como una respuesta a la teología liberal, aunque este solo abordó la cuestión de la infalibilidad e inspiración bíblica. Ni los liberales ni los fundamentalistas tenían una teología sobre la naturaleza milagrosa de las sanaciones. Los fundamentalistas veían los milagros de la Biblia como algo que solo fue necesario en ese momento para confirmar y establecer el nuevo mensaje. Una vez que el evangelio "cobró impulso" y fue codificado en las Escrituras dejó de necesitarse que ocurrieran milagros.

Resulta curioso que en esto de la manifestación de los dones del Espíritu en los tiempos actuales, los pentecostales tienen más en común con los católicos que con el resto de los protestantes, ya que los católicos nunca han sido cesacionistas en su doctrina. John Wimber me dijo una vez que entre ciertos protestantes y los católicos, a los protestantes les cuesta más recibir sanaciones; mientras que a los católicos se les hace más fácil, pues se muestran más abiertos a los milagros.

De regreso al Pentecostés

Según lo que hemos visto hasta ahora, pereciera que la iglesia ha transcurrido todos estos siglos sin ninguna clase de fe o práctica en los dones sobrenaturales del Espíritu Santo. Nada más lejos de la realidad. Los evangélicos comenzaron a ver sanaciones a mediados del siglo XIX. Desde 1875 hasta 1900, las sanaciones se convirtieron en el tema más controversial de muchas denominaciones. Esto ocurrió antes del surgimiento del pentecostalismo a principios del siglo XX. Dios se estaba revelando con poder sobrenatural en medio de las principales denominaciones conservadoras. Pocos saben que muchas de las iglesias que hoy enseñan el cesacionismo nacieron de movimientos de renovación marcados por manifestaciones carismáticas. Esta ignorancia generalizada de la historia de la iglesia es lo que nos ha apartado a muchos de nuestras raíces espirituales.

El Primer Gran Despertar: Jonathan Edwards

En 1735 surgió un avivamiento en las colonias de Estados Unidos a través del ministerio de Jonathan Edwards conocido como el Primer Gran Despertar. Jonathan Edwards es el teólogo por excelencia sobre experiencia religiosa. Hasta el sol de hoy, nadie ha escrito una discusión tan minuciosa y fundamentada sobre el tema. Leí que se le considera uno de los grandes pensadores de Estados Unidos. Él fue el mejor defensor del Gran Despertar. Su esposa fue tocada tan poderosamente durante el avivamiento, que duraba horas bajo la influencia del Espíritu. En una ocasión experimentó una poderosa visitación que duró cuatro días. Estos son algunos de los registros de este avivamiento:

"El miércoles en la noche, la iglesia en Northampton estaba realizando una vigilia de avivamiento. La señora Edwards estaba tan llena de la gracia de Dios, que 'se quedó sin fuerza física'. Ella escribe: 'Continué recibiendo visiones claras del futuro, de felicidad y desdicha eternas [...]. Ella y algunos amigos tuvieron que quedarse en la iglesia una tres horas luego de que la reunión terminó, porque casi todo el tiempo estuvo 'sin fuerza física'".[19]

Resulta interesante que al menos un cronista moderno de estos hechos señala que las expresiones "se quedó sin fuerza", "dominó su cuerpo", y "se desmayó", usadas en la época, son los equivalentes del siglo XVIII a nuestras expresiones modernas: "caer", "descansar", y ser "caer en el Espíritu".[20]

La mañana siguiente, la señora Edwards nuevamente fue tomada por la presencia de Dios. En un momento en que entró accidentalmente a un salón en el que varias personas estaban discutiendo la obra de avivamiento del Espíritu Santo, "se quedó inmediatamente sin fuerza" y se "se desvaneció donde estaba". Los que estaban en el lugar la sentaron en una silla y continuaron la discusión, pero "nuevamente su fuerza la abandonó y cayó al suelo". Seguidamente la llevaron a una cama, donde permaneció "durante un tiempo considerable sumida como en un gozo, contemplando la gloria del mundo celestial" [...]. La señora Edwards cuenta: "Durante ese tiempo sentí un amor por los hijos de Dios mayor que nunca. Era como si los amaba como a mi propia alma, y cuando los veía, mi corazón se inclinaba hacia ellos con un cariño y una dulzura inexpresable [...]. Todo esto acompañado del indescriptible gozo del cielo". Ese día estuvo en el Espíritu desde el mediodía hasta las cuatro, "y quedó demasiado exhausta por las emociones de gozo" como para levantarse o sentarse.[21] Al final de la tarde tuvo suficiente fuerza como para asistir a la reunión de la noche, y luego regresó a la cama.

Durante todo el avivamiento la señora Edwards continuó teniendo experiencias similares con la poderosa presencia de Dios. Ella registró sus experiencias durante diecisiete días, y no hay indicación de que estas hayan cesado durante el avivamiento. Más bien, ella dejó de registrarlas. ¿Cuál fue el fruto de estas experiencias para Sarah Edwards? El señor Edwards le legó a su esposa una experiencia de adoración más profunda, así como una mayor convicción de que el deber de cada cristiano es mostrar compasión. En relación a lo que ella experimentó, su esposo comenta que no había indicios de orgullo espiritual en ella, sino más bien un aumento de su mansedumbre y humildad, y un ferviente deseo de servir; además de una gran aversión a mostrarse crítica.[22] El siguiente es un extracto de su evaluación final en relación con su estado:

"Ahora bien, si estas cosas son producto del entusiasmo, y son los frutos de una mente perturbada, ¡entonces que mi mente se posesione más de esa alegre perturbación! Si se trata de una distracción, ¡le pido a Dios que la humanidad pueda estar llena de esa distracción benigna, mansa, benéfica, hermosa y gloriosa!".[23]

Los críticos del avivamiento acusaron a los que estaban presentando este fenómeno de tener una perturbación mental, y utilizaron la palabra entusiasmo como un término despectivo que tenía la intención de denigrar de ellos. No es fácil, sin embargo, ser un detractor de las acciones del Espíritu cuando la propia esposa de uno ha sido tocada poderosamente por esas acciones. Edwards les estaba pidiendo a sus críticos que le mostraran otra mejor manera de validar las Escrituras que las manifestaciones que se estaban suscitando durante el avivamiento. Sin embargo, *él siempre juzgó que las manifestaciones eran de Dios, no por su estilo, sino más bien por sus frutos*. Edwards creía que la religión tenía poco poder para afectar las emociones y la voluntad. Las emociones religiosas eran el poder que movía a la cristiandad. Solo cuando la revelación de la verdad divina penetrara profundamente y tocara esas emociones, esta lograría afectar la voluntad y el estilo de vida del creyente. El Espíritu Santo debía obrar a través de nuestras emociones, y no solamente nuestro razonamiento o conocimiento.

Edwards notó la diferencia en el carácter y los frutos entre los miembros de su iglesia antes del avivamiento, y los que habían sido tocados durante el avivamiento. Como mencioné, Edwards siempre se fijaba en el fruto. Más que cualquier otra persona en Estados Unidos, él estudio a profundidad la relación que existe entre las manifestaciones físicas y los frutos, entre la obra interna del Espíritu Santo y las manifestaciones sobre el cuerpo físico de esa obra interna.

¿De qué se trataron estas manifestaciones? ¿Cómo fueron descritas? Los siguientes son algunos de los términos que Edwards usó para describir el fenómeno: *Sensaciones extraordinarias acompañadas de manifestaciones físicas de temor, dolor, amor y alegría. Lágrimas, temblores, fuertes gemidos, angustia física, y pérdida de la fuerza corporal. Caídas, sacudidas y convulsiones.*[24]

¿Por qué decidí incluir estas vivencias históricas del Gran Despertar, llamado también por sus críticos "el Gran Clamor",[25] si el tema de este libro es la impartición? Porque este avivamiento tiene todas las características de haberse diseminado a través de la impartición. A veces la impartición ocurre para dar a conocer lo que Dios está haciendo, o que el tiempo de renovación ha llegado. Esta puede llegar leyendo un relato de lo que Dios está haciendo en otro lugar, o escuchando el testimonio de otros que han sido tocados en el derramamiento. Otras veces llega presenciándola personalmente, siendo tocado en una reunión, o mediante la imposición de manos por parte de alguno de los líderes utilizados por Dios.

Durante el avivamiento que terminó liderando, Edwards notó lo siguiente:

"Hubo muchos casos de personas que vinieron de lugares lejanos de visita o por negocios, que no habían estado aquí desde hace mucho tiempo [...] y que fueron movidos a salvación, y también partícipes del derramamiento de bendición que Dios produjo. Estas personas regresaron gozosas a sus lugares de origen, *y de esta forma la misma obra comenzó a surgir de manera evidente en diversos pueblos del país*" [itálicas añadidas].[26]

Esta impartición para llevar el avivamiento fue común durante el Primer y Segundo Gran Despertar, durante el Avivamiento de

Santidad del siglo XIX, y el Avivamiento Pentecostal a principios del siglo XX. También estuvo presente en el mayor avivamiento de la historia bautista en la provincia Shandong al norte de China en la década de 1930, en el Avivamiento de la Lluvia Tardía de finales de la década de 1940, en el avivamiento carismático tanto protestante como católico, y también en el Movimiento Jesús, y el Movimiento de la Tercera Ola de las décadas de 1960, 70 y 80, respectivamente. También lo vi en el movimiento de Dios relacionado con Rodney Howard-Browne, mi persona, y John Arnott, John Kilpatrick y Steve Hill, Steve Gray y otros, durante la década de 1990. De hecho, las revelaciones proféticas de Rodney Howard-Browne sobre la impartición para llevar el avivamiento me animaron muchas veces a ir a verlo y recibir oración de parte de él. Dios le dijo que él "impondría sus manos en mil pastores que ayudarían a llevar el avivamiento alrededor del mundo". Yo creía en la verdad de la impartición, y pedí ser uno de los mil.

Wesley y Whitefield

Retomemos la perspectiva histórica pasando del Gran Despertar en las colonias en Estados Unidos, a la obra de Dios en Inglaterra. Justo antes de este avivamiento en Estados Unidos, el Gran Avivamiento Evangélico había surgido en Inglaterra bajo los ministerios de John Wesley y George Whitefield. Wesley, el padre del metodismo, presenció liberaciones demoníacas en sus reuniones, así como gente cayendo al suelo, lo que más tarde fue conocido como "desvanecimiento", y luego como "caer en el Espíritu". Fíjese en las cosas que Wesley contaba, de algunas citas extraídas de su diario del año 1739:

"Jueves 8 [de marzo]. —[...Una] que estaba sentada a corta distancia sintió como una punzada de espada, y antes de que pudiéramos llevarla a otra casa, no importa a dónde fuéramos, ella no podía evitar llorar a viva voz, incluso en la calle. Pero apenas le dimos a conocer nuestra petición a Dios, él le envió ayuda de lo alto".[27]

"Martes 17 [de abril]. —[...] Inmediatamente una que estaba a nuestro lado (para nuestra gran sorpresa) gritó con todas sus fuerzas, como si estuviera agonizando; pero nosotros seguimos orando, hasta que Dios 'puso en sus labios un cántico nuevo, un himno de alabanza a nuestro Dios'. Poco después, dos personas más (bien conocidas en este lugar como personas esforzadas para llevársela bien con todos) fueron arrebatadas con gran dolor, y forzadas a "gemir a causa de la conmoción de su corazón". Pero no pasó mucho antes de que igualmente reventaran en alabanzas a Dios el Salvador".[28]

"Sábado 21 [de abril]. —en el Salón de Weaver, un joven fue arrebatado con un violento temblor en todo el cuerpo, y en cuestión de minutos [...] cayó al suelo".[29]

"Jueves 26 [de abril]. —[...] Inmediatamente uno, y otro, y otro, comenzaron a caer a tierra: cayeron por todas partes como golpeados por un rayo".[30]

"Lunes 30 [de abril]. —Entendimos que muchos se sintieron ofendidos por los gritos de aquellos sobre quienes fue derramado el poder de Dios, entre los cuales estaba un médico que se mostraba preocupado de que se tratara de un fraude o engaño. Hoy, una mujer a quien él había conocido durante años, fue la primera (mientras yo estaba predicando en Newgate) que estalló 'con gran clamor y lágrimas'. El médico no podía creer lo que estaba viendo y escuchando. Se acercó a ella y permaneció a su lado observando cada síntoma, hasta que grandes gotas de sudor caían por su cara y todos sus huesos se sacudían. Él no sabía qué pensar y lucía claramente convencido de que no era un fraude, ni una afección natural. Pero cuando se dio cuenta de que tanto su cuerpo como su alma habían sido sanados en ese momento, reconoció el dedo de Dios".[31]

"Martes 1 de mayo. —[…] Un cuáquero que se quedó estaba muy enfadado por el supuesto "fingimiento" de estas criaturas. Mordía sus labios y fruncía el ceño cuando cayó al suelo como golpeado por un rayo. La agonía que pasó era incluso terrible de contemplar. Le imploramos a Dios que lo perdonara, y seguidamente levantó la cabeza y dijo a viva voz: 'Ahora sé que usted es un profeta del Señor'".[32]

Estas son las anécdotas de los pecadores y detractores religiosos que fueron derribados al suelo por el Espíritu. Los avivamientos suelen estar acompañados de esta clase de fenómenos. A muchos se les hace difícil aceptar que el Espíritu de Dios haga que la gente sea lanzada al suelo, pero cada vez que en la Biblia ocurre una teofanía (una manifestación visible de Dios) la mayoría de los testigos se asustan, y muchas veces caen y otras tiemblan.

El mayor evangelista del Gran Avivamiento Evangélico fue George Whitefield. Él comenzó a dirigir este avivamiento en 1735 con apenas veintiún años. Wesley estaba preocupado por algunos de los fenómenos de los que se estaba enterando según los reportes de las reuniones de John Wesley. Wesley describe en su diario una discusión que mantuvo con Whitefield en relación a esto:

"Sábado 7 [de julio]. —Tuve la oportunidad de conversar con él sobre las señales externas que muchas veces acompañan la obra interna de Dios. Encontré que sus objeciones se basaban simplemente en burdas tergiversaciones de hechos concretos. No obstante, al día siguiente él tuvo la oportunidad de informarse mejor. Al poco tiempo de haber comenzado (en la práctica de su sermón) a invitar a todos los pecadores a creer en Cristo, cuatro personas cayeron cerca de él casi simultáneamente. La primera persona permaneció sin moverse y como sin sentido. La segunda temblaba muchísimo. La tercera tenía fuertes convulsiones por todo su cuerpo, pero no decía nada, sino gemía. La cuarta también convulsionaba y llamaba a Dios con fuertes gritos y sollozos. Creo que desde ahora todos tendremos que confiar ciegamente en Dios para llevar a cabo su obra de la manera que a Él le complace".[33]

George Whitefield, el mayor evangelista del Gran Avivamiento Evangélico, también experimentó sanaciones en sus reuniones. Escribió: "[...] Y estoy convencido de que el Sol de Justicia se levantó en algunos, trayéndoles la curación en sus alas. Era como si estaban siendo fundidos por la predicación de la Palabra [...].[34] Lo más asombroso de las revelaciones del diario de Whitefield es la constante repetición de que su cuerpo se debilitaba y muchas veces se descomponía mucho cuando el poder de Dios llegaba a través de la predicación de la Palabra.[35] Hay relatos de liberaciones, pero no menciona que oró por sanación mediante la imposición de manos. Las sanaciones en esta etapa de la historia protestante continuaban como una doctrina perdida, la cual solo fue redescubierta más tarde por el Movimiento de Santidad, y luego por el Movimiento de Curación de Fe que incluyó a reformados, bautistas, y a personas de la Alianza Cristiana y Misionera, además de autores ajenos a estas denominaciones (anglicanos y episcopales), y luego a los cristianos pentecostales.[36]

Al leer los diarios de Wesley y de Whitefield, no podemos dejar de recordar la manera en que Jesús amonestó en su momento a los fariseos por honrar a los profetas cuando sus acciones indicaban que, de haber vivido en los tiempos de los profetas, los habrían apedreado en vez de honrarlos. Igualmente asombra cómo nosotros hoy honramos a aquellos que fueron ridiculizados y difamados durante su ministerio. La moraleja de la historia es que es muy fácil ver favorablemente el avivamiento o la renovación desde la seguridad de la distancia del tiempo, pero difícil abrirse a participar del "Gran Clamor", como fue conocido originalmente el Gran Avivamiento.

Wesley y Whitefield habrían sido considerados "falsos líderes del avivamiento" si estuvieran llevando a acabo sus ministerios hoy. Serían culpables de participar en el falso movimiento de "caer en el Espíritu". Serían sin duda acusados de introducir experiencias esotéricas y de convertir sus reuniones en espectáculos. Grabaciones de las reuniones serían transmitidas por la radio, resaltando los aspectos más extravagantes, como los gritos, los lamentos, los rugidos, y todas esas cosas que solían ocurrir en sus reuniones. Las reuniones estaban acompañadas de suficiente poder como para que las emociones fueran trastocadas por el Espíritu de Dios. ¿Podría ser entonces que estos fenómenos hayan sido los que atrajeron la atención de los ingleses y los colonos norteamericanos de su tiempo? ¿Cuál fue el fruto del Gran Avivamiento en las colonias norteamericanas? Whitefield fue atraído once veces a Estados Unidos y murió en las colonias. ¿Fue un verdadero avivamiento, o simplemente un grupo de personas atrapadas en experiencias esotéricas? Decida usted mismo:

"En un período de tres años durante el avivamiento, al menos treinta mil personas se convirtieron en Nueva Inglaterra. Y en el mismo período, al menos cincuenta mil personas se convirtieron en todas las colonias. Cuando uno recuerda que la población total de las colonias era de dos millones de personas, estos números resultan aún más asombrosos. Un avivamiento similar habría resultado hoy en más de cinco millones de conversiones para lograr el mismo porcentaje".[37]

El Segundo Gran Avivamiento

El Segundo Gran Avivamiento comenzó a cobrar fuerza alrededor del año 1792, cuando Dios comenzó a visitar las universidades. Para 1800 muchas iglesias en Estados Unidos estaban experimentando avivamientos, siendo el Avivamiento de Cane Ridge en Kentucky el más famoso de todos.[38]

Irónicamente, el Avivamiento de Cane Ridge surgió de una tradición que se originó con los presbiterianos escoceses. Los presbiterianos tenían un servicio de comunión muy largo que realizaban una vez al año y que duraba de tres a cinco días. Hubo cinco o seis de estas reuniones en Escocia en las que "descendió el fuego" o en las que Dios "encendió nuevamente la llama". Las "reuniones salvajes", como fueron llamadas alguna vez, comenzaron en Úlster, y tuvieron su apogeo en 1724. "De las comuniones de Úlster surgieron los primeros reportes de personas que cayeron como muertas y que fueron sacadas del lugar en trance".[39]

La mayor y más famosa de las reuniones escocesas fue realizada en Cambuslang. Se estima que hasta unas treinta mil personas pudieron haber asistido. George Whitefield acababa de regresar de uno de sus viajes al continente americano y predicó de manera apasionada y lleno del Espíritu. El historiador Paul Conkin escribe:

"Pequeños grupos de personas, bajo un gran convencimiento, hablaron toda la noche. Whitefield predicó el sermón de Acción de Gracias el lunes, y luego la gente no se quería ir. Nadie pudo calcular el número de los convertidos. Casi todas las manifestaciones físicas concebibles, incluyendo caer desmayado, aparecieron en muchos de los participantes. Los ministros deploraron el comportamiento perturbador durante los servicios, pero a pesar de sus llamados a evitarlos muchos lloraban a viva voz, incluso durante la comunión. En entrevistas posteriores afirmaban que no les había sido posible controlarse a pesar de los intentos [...].

"Pero en estas tres o cuatro olas de avivamiento, las inmensas reuniones rurales, con todas las manifestaciones físicas extremas, consternaron y asustaron posiblemente a la mayoría de los pastores presbiterianos [...].

"Cambuslang ha sido el centro de mucha controversia. En nueve años, al menos cincuenta y ocho libros e infinidad de artículos han alabado o condenado las reuniones".[40]

McCulloch, el pastor del lugar, desarrolló un cuestionario para evaluar el efecto del avivamiento y defender lo que había ocurrido. "Los efectos en la congregación local fueron duraderos, aunque el avivamiento decayó rápidamente. Las conversiones continuaron hasta 1748, pero cada año fueron menos. La criminalidad disminuyó considerablemente justo después del avivamiento, aunque no durante mucho tiempo. Unos cuatro de cada cinco convertidos permanecían en la iglesia durante la década siguiente".[41] Aquellos que cuestionan los frutos de estas experiencias de renovación, simplemente deben comparar estas cifras con la tasa de retención actual de seis por ciento de nuestras cruzadas evangelísticas después de un año. ¡El avivamiento de Cambuslang produjo una tasa de retención de ochenta por ciento después de diez años!

La misma controversia que giraba en torno a Cambuslang resurgió durante el Avivamiento de Cane Ridge. ¿Cómo fue este avivamiento? James B. Finley fue un pastor metodista itinerante que estuvo entre los convertidos durante esta intervención divina. Finley escribió:

"El ruido era como el crujir de las cataratas del Niágara. El vasto océano de seres humanos parecía como agitado por una tormenta [...]. La escena que se presentó luego ante mis ojos fue indescriptible. En un momento vi al menos a quinientos caer en un solo instante, como si una batería de mil fusiles hubiera sido descargada sobre ellos, y luego inmediatamente se desataron gritos y alaridos que rasgaron los mismos cielos".[42]

Aunque el Avivamiento de Cane Ridge no se originó con los bautistas, formó parte de lo que se conoce entre los bautistas como el Despertar de 1800. El Dr. Lewis Drummond, coautor del libro *How Spiritual Awakenings Happen* [Cómo surgen los despertares espirituales],[43] solía mencionar en sus charlas sobre evangelismo en el Seminario Bautista Teológico del Sur, que a causa de este avivamiento los presbiterianos se multiplicaron por dos, los bautistas se triplicaron, y los metodistas se cuadruplicaron. Pero muchas veces cuando Dios derrama su Espíritu también ocurren divisiones. Los presbiterianos se dividirían en dos denominaciones debido al Avivamiento de Cane Ridge. Era demasiado para algunos, que prefirieron rechazarlo.

Peter Cartwright

Uno de los grandes líderes metodistas del siglo XIX fue Peter Cartwright. Él fue tocado en el Avivamiento de Cane Ridge, y al poco tiempo se convirtió y fue llamado al ministerio. Se cuenta que durante los primeros días del metodismo en este país, muchos jóvenes de los circuitos a caballo metodistas no se casaban porque sabían que el cincuenta por ciento de ellos morían antes de llegar a los treinta años. Peter Cartwright era uno de los valientes integrantes de los circuitos a caballo, y uno de los evangelistas más famosos de la época. En su autobiografía, dice:

"Muchas noches, en los primeros tiempos, los itinerantes teníamos que acampar sin fuego ni comida para nosotros o para los animales. Nuestra Biblia de bolsillo, el himnario y la disciplina constituían nuestra biblioteca. No es mentira que la mayoría de nosotros no podíamos conjugar un verbo o analizar una oración, y cada vez que abríamos la boca asesinábamos el idioma del rey. Pero había una unción del cielo que asistía cada palabra predicada, y miles cayeron bajo la mano poderosa de Dios, y de esta manera la Iglesia Metodista Episcopal fue firmemente plantada en la aridez del Oeste, y muchas señales gloriosas se vieron y seguirán viéndose hasta el fin de los tiempos".[44]

¡Qué historia tan poderosa y honorable del Espíritu tienen los metodistas! Cartwright también escribió sobre el Avivamiento de Cumberland que surgió poco tiempo después del de Cane Ridge:

"Predestinatarios de todo tipo unieron fuerzas para detener la obra de Dios [...]. Justo en medio de nuestras controversias sobre las poderosas manifestaciones que se evidenciaban entre la gente que escuchaba las predicaciones, una nueva manifestación surgió entre nosotros, la cual llamamos 'la sacudida'; sobrecogedora en sus efectos sobre los cuerpos y las mentes de las personas. Independientemente de que fueran santos o pecadores, los asistentes eran arrebatados durante un himno o un sermón elevador, y comenzaban a convulsionar con fuertes sacudidas que no podían evitar. Cuanto más trataban de resistirse, más se sacudían. Si no oponían resistencia y oraban de manera voluntariosa, las sacudidas generalmente cesaban. Yo he visto a más de quinientas personas sacudiéndose al mismo tiempo en mis congregaciones grandes. Muchos de los que han sido tomados por las sacudidas, se levantan y comienzan a danzar para obtener alivio. Otros corren, pero no pueden escapar. Otros se resisten. En estos últimos las sacudidas generalmente son muy fuertes".[45]

La interpretación de Cartwright sobre estos fenómenos es digna de ser mencionada:

"Yo siempre vi las sacudidas como un juicio de Dios; primero, para que los pecadores se arrepientan y, segundo, para mostrarles a los catedráticos que Dios puede obrar con o sin medios, y que puede actuar por encima de cualquier medio, y hacer cualquier cosa que le parezca pertinente para la gloria de su gracia y la salvación del mundo".[46]

Charles Finney desata el fuego

Charles Finney fue el mayor restauracionista del siglo XIX en Estados Unidos. Algunos lo consideran el mayor evangelista estadounidense de todos los tiempos. Su biografía está llena de encuentros poderosos que él experimentó y presenció. Apenas horas después de su conversión, experimentó un poderoso bautismo en el Espíritu Santo. La "impartición" soberana del cielo cambiaría radicalmente su vida. Él describe su experiencia de esta manera:

"Sin estarlo esperando, sin tener la más mínima idea de que había algo así para mí, sin tener un solo recuerdo de haber escuchado mención de ello por alguien en el mundo, el Espíritu Santo descendió sobre mí de una manera que pareció colmarme tanto en cuerpo como en alma. Sentía como corriente eléctrica que me atravesaba. De hecho, parecía llegar en olas de amor líquido. La verdad no encuentro cómo expresarlo de otra manera. Era como el mismísimo aliento de Dios. Recuerdo claramente sentir el aire, como producido por unas alas inmensas.

Las palabras no pueden expresar el maravilloso amor que fue derramado abundantemente en mi corazón. Lloré a voz en grito de alegría y de amor, sin saber qué decir. Literalmente grité las *inexpresables* efusiones de mi corazón. Estas olas siguieron cayendo sobre mí una y otra vez hasta que volví en mí y grité: 'Si estas olas continúan fluyendo a través de mí voy a morir'. Dije: 'Señor, no soporto más', aunque realmente no tenía miedo de morir".[47]

Después de esta experiencia, la primera persona con la que Finney habló fue un anciano. El anciano se acercó a ayudarlo porque Finney estaba totalmente agotado por el poder que había soportado. Este anciano de la iglesia era un hombre serio, pero cuando Finney comenzó a contarle cómo se sentía, el anciano "comenzó a reír descontroladamente. Era como si al hombre se le imposibilitaba detener esa risa que parecía salir desde el fondo de su corazón".[48]

Finney recibió una segunda impartición del cielo que llamó bautismo en el Espíritu, a menos de veinticuatro horas de la primera; y el día siguiente de su conversión comenzó a predicar.[49]

Después de eso tendría muchos bautismos en el Espíritu. Su controversial ministerio sería testigo de miles de almas cayendo bajo el poder del Espíritu Santo con sanaciones, liberaciones, temblores, gemidos, y sollozos. Algunos de los que caían bajo el poder no podían levantarse durante largos períodos de tiempo. En una época en la que la población era escasa, y no había medios de comunicación, ¡Finney fue usado para llevar a medio millón de personas al Reino de Dios!

Las manifestaciones siempre han sido una señal del poder de Dios en los avivamientos. A menudo estos fenómenos también producen controversia y división en las iglesias. Resulta triste que, cuando estas cosas son escritas tiempo después, los historiadores de la Iglesia a menudo cercenan los relatos de las reuniones, extrayendo el factor sobrenatural. En una ocasión en la que a varios profesores de evangelismo del Seminario Bautista del Sur se les preguntó por teléfono: "¿Cuál fue el mayor avivamiento bautista de la historia?". La respuesta unánime fue: "El Avivamiento de Shandong en China".[50] Sanaciones, caídas, electricidad, risa en el Espíritu, e incluso resucitación están registrados en *The Shantung Revival* [El Avivamiento de Shandong], un libro de Mary Crawford que mencioné en el capítulo 3. Crawford fue una de los misioneros bautistas del sur que experimentaron personalmente este avivamiento a principios de la década de 1930. En su libro hay ejemplos de casi todo lo que ha caracterizado a la Bendición de Toronto y al Derramamiento de Pensacola. Desafortunadamente, la mayoría de los bautistas del sur no están al tanto de lo que ocurrió durante su mayor avivamiento porque hace varios años el libro de Crawford fue reimpreso con casi todas las manifestaciones del Espíritu Santo editadas. Global Awakening ha vuelto a publicar este libro con todo su contenido original.[51]

El Avivamiento Pentecostal

El avivamiento se abrió paso en el siglo XX como lo hizo en el siglo XIX. El Avivamiento de la Frontera, o Segundo Gran Avivamiento, estuvo seguido por uno aun más poderoso, el Avivamiento Pentecostal, que se remonta al año 1901. Nuevamente veríamos gente cayendo, temblando, rodando por el piso, llorando, danzando, riendo en el Espíritu, y hablando en lenguas.

La novedad aquí es que por primera vez las lenguas aparecen ligadas al bautismo en el Espíritu Santo como evidencia inicial. El Avivamiento de la Calle Azusa ocurrió en 1906. El primer nombre del Avivamiento de la Calle Azusa fue "La Bendición de Los Ángeles".[52] Personas sedientas viajaron a este lugar desde todos los continentes para buscar más de la presencia manifiesta de Dios y luego regresar a esparcir el Avivamiento Pentecostal en sus países. Los participantes creían en la impartición, la transferencia de la unción y recibieron poder para llevar el avivamiento a otros lugares. Al igual que el Avivamiento de la Lluvia Tardía de la década de 1940, este avivamiento hizo hincapié en el regreso de todos los dones espirituales de 1 Corintios 12, incluyendo las "señales", que incluyen los dones de lenguas, de interpretación de lenguas, de profecía, de poderes milagrosos y dones para sanar.

Yo me siento muy decepcionado por la cantidad de prejuicios que aún existen en la Iglesia contra los pentecostales. En una ocasión en la que estaba haciendo un curso de evangelismo en el seminario, estudiamos todos los avivamientos de la historia de la Iglesia en Norteamérica, excepto cuatro: el Avivamiento Pentecostal; el Avivamiento de la Lluvia Tardía, que fue un avivamiento pentecostal en su esencia; la Renovación Carismática; y el Movimiento de Jesús, que acababa de terminar.[53] Es lamentable que estos avivamientos ni siquiera sean mencionados en nuestros seminarios y universidades evangélicas.[54] No es sano permitir que nuestros prejuicios nos cieguen ante la realidad de que Dios ha usado poderosamente a los pentecostales. En sus comienzos, cuando no tenían instituciones, edificios, dinero o programas, los pentecostales fueron usados para alcanzar más almas perdidas que cualquier otra denominación cristiana; más que los reformados, los luteranos, los anglicanos, los bautistas, los metodistas, y los católicos romanos. Estas denominaciones, con toda su historia, edificios, dinero, organización, y programas, fueron superadas en cuanto a evangelismo por los pentecostales.

¿Por qué? Los pentecostales se convencieron de que el poder del derramamiento del Espíritu Santo, así como sus poderosos ministerios aún estaban operativos en el presente. *Sozo*, la palabra griega equivalente a *salvar*, no solo se usa en la Biblia para referirse a la salvación del alma, sino para liberar de situaciones que involucran demonios, y para las sanaciones físicas y emocionales. Fue la interpretación pentecostal de la plenitud de la salvación lo que le otorgó tanto poder a su mensaje.

El pentecostalismo estuvo precedido por líderes como Charles Spurgeon (1834–1892), quien buscó la restauración de una iglesia llena de poder, apostólica, como la que existió durante los días del primer Pentecostés. Spurgeon era calvinista y, sin embargo, tenía un ministerio de sanación. También proclamaba palabras de conocimiento durante sus servicios. Él profetizó que habría una gran manifestación del Espíritu Santo durante los siguientes cincuenta años después de su palabra. Fue en esos siguientes cincuenta años que vimos nacer el Movimiento de Santidad, liderado por algunos de los gigantes de la fe de este siglo, como: A. J. Gordon, A. B. Simpson y Andrew Murray. Estos hombres también fueron líderes del movimiento Faith Cure (Cura de Fe).[55] Estos movimientos de avivamiento surgieron de diversas denominaciones, ya que aún no existía una Iglesia de Santidad como tal para ese momento.

El Movimiento de Santidad hacía hincapié en una segunda obra de la gracia posterior a la regeneración inicial. El propósito de esta segunda experiencia era "colmar" al creyente con el poder del Espíritu Santo para que pudiera experimentar la santificación y la victoria práctica en su experiencia cotidiana, y no solo una victoria posicional en la vida espiritual y la vida futura. Representaba un retorno a la doctrina del *Christus Victor*, que fue la doctrina sobre la cruz de Cristo que prevaleció durante los primeros seiscientos años de la historia de la iglesia.[56] Resumiéndola, significa que entendemos que la cruz no solo aseguró nuestra salvación, sino que a través de ella todo el poder de Satanás fue enfrentado y derrotado, acabando con su dominio maléfico. La muerte de Cristo fue la "expiación sustitutiva", pero el alcance de lo que hizo va mucho más allá de eso. A través de su muerte, resurrección y ascensión, Jesús derrotó a todos los poderes del infierno. Gracias a su victoria, los cristianos pueden actuar con autoridad y poder sobre la muerte en todas sus formas: espiritual, emocional y física.

De este regreso a la teología histórica del Cristo de la victoria surgió el Movimiento Cura de Fe. Este movimiento sería eclipsado en unos veinticinco años por el nacimiento del movimiento pentecostal. Dado el gran desdén que mostraron los protestantes evangélicos hacia el movimiento pentecostal, el cual integró en su adoración sanaciones, los evangélicos reaccionaron alejándose del Movimiento Cura de Fe y adoptando una posición cesacionista más radical.

A menudo escucho decir: "A mí no me preocupan las manifestaciones, lo que me preocupa es el evangelismo". ¿Podemos albergar alguna duda de que las mayores acciones del Espíritu, aquellas que han resultado en el mayor número de almas entregándose a Dios, han ocurrido durante aquellos avivamientos que han estado caracterizados por derramamientos poderosos de los dones de Dios y manifestaciones espirituales de su presencia? La historia de la iglesia también muestra que la mayoría de estos líderes recibieron primero su propia impartición del Espíritu antes de realizar estas cosas poderosas en el nombre de Jesús. Hombres y mujeres como María Woodworth Etter, John G. Lake, Smith Wigglesworth, Charles Price, F. F. Bosworth, Aimee Semple-McPherson, Tommy Hicks, Lester Sumrall, T. L. Osborne, Oral Roberts, Kathryn Kuhlman, Reinhard Bonnke, Benny Hinn, Bill Johnson, Rolland y Heidi Baker, Ché Ahn,

John Arnott, yo mismo, y muchos más, recibimos imparticiones de Dios antes de ser usados poderosamente por Él.

Otros hombres como A. J. Gordon, Andrew Murray, A. B. Simpson, E. W. Kenyon, A. T. Pierson, D. L. Moody y R. A. Torrey también testificaron haber recibido el bautismo en el Espíritu Santo. Estos hombres estuvieron menos conectados con el movimiento de sanación a través de la impartición. Al igual que el finado John Wimber, ellos vieron la sanación en la Biblia y quisieron permanecer fieles a la Palabra. Al hacerlo, comenzaron a enseñar sobre ella. Su impartición estuvo más inclinada hacia el evangelismo, y su concepción sobre las sanaciones estuvo basada en las promesas de las Escrituras.[57]

¿Qué está ocurriendo actualmente?

Cuando vemos hombres y mujeres que afirman tener la unción divina para producir señales y maravillas, sanaciones y liberaciones, y cuando vemos ministerios acompañados de toda clase de manifestaciones, ¿cómo podemos saber que son de Dios? Hemos visto el efecto histórico de hombres y mujeres usados en el pasado, y el fruto de derramamientos del Espíritu. Pero, ¿qué podemos decir de los tiempos actuales?

Como muchos caudales que fluyen hacia el gran río de Dios, la década de 1940 trajo el ministerio de avivamiento de William Branham en 1946, el avivamiento del Orfanato Sharon en 1947, el Avivamiento de Sanación en 1948, y el ministerio evangelístico del Dr. Billy Graham en 1949. Aunque de otra naturaleza, no creo que estas hayan sido acciones aisladas de Dios, sino más bien parte un gran derramamiento que se manifestó de diversas maneras. Desde entonces, creo que hemos ido avanzando aceleradamente hacia el mayor avivamiento de todos, la última cosecha antes de que Cristo regrese a buscar a la novia.

Veo el gran río de Dios del avivamiento de 1990 como algo similar. En 1992 fue Claudio Freidzon, Rodney Howard-Browne en 1993, John Arnott y yo en 1994, John Kilpatrick y Steve Hill en 1995, y Steve Gray in 1996. Muchos otros también fueron usados en estos períodos de avivamiento tanto en la década de 1940 como en la de 1990, pero no cuento con suficiente espacio ni tiempo para poder mencionarlos a todos.

En esta última década, evangelistas como Benny Hinn y Reinhard Bonnke han predicado ante millones de personas en un solo lugar. Yo estaba en la India cuando Benny Hinn ministró frente a más de un millón de almas. Mis multitudes eran de veinticinco mil a cien mil personas cada noche. ¿Qué los atraía? ¿Los milagros de Dios?

¿Qué podemos decir del evangelista Billy Graham? Él no se especializa en milagros. ¿Acaso su éxito invalida mi argumento? Yo creo que no. Hace veinticinco años realicé un estudio sobre la plenitud del Espíritu Santo. Leí que cuando el Dr. Graham estaba en las montañas de California cerca de un lago, tuvo una experiencia con Dios en la que se rindió de manera más completa a los propósitos y el poder de Dios para su vida. Esta experiencia ocurrió un poco antes de su famosas reuniones de Los Ángeles en 1949, en las que cobró notoriedad a nivel nacional. Tres años antes, Stephen Olford había llevado al Dr. Graham a experimentar la plenitud del Espíritu.[58]

Muchísimos hombres y mujeres han sido ungidos poderosamente por Dios para generar avivamientos a través de diversos dones del Espíritu. Ellos están siendo usados en este momento para cambiar al mundo. En el siguiente capítulo, consideraré la manera en que el Señor salvó a su Iglesia del peligro de perder el conocimiento de la importancia de la impartición y de los dones espirituales. Fue necesario un esfuerzo de recuperación a gran escala dirigido por el Espíritu Santo, con el importante resultado de que tanto católicos como protestantes comenzaron a orar pidiendo un "nuevo Pentecostés". Esta es una de las experiencias más asombrosas en la historia de la Iglesia. Cuando usted vea lo que Dios se propuso hacer, y luego el efecto que esto tuvo sobre la iglesia, tendrá una imagen mucho más amplia de lo importante que fue este "nuevo Pentecostés" para Dios.

10

Vientos de cambio

Preparación para la restauración

Durante los tiempos del ministerio de Charles Finney en Estados Unidos, Dios estaba también trabajando en los corazones de muchos evangélicos en Inglaterra. Durante el siglo XIX se creó una gran expectativa en relación al cumplimiento de las profecías del fin del mundo. Antes de desatarse la Guerra Civil en Estados Unidos, la visión del fin de los tiempos que prevalecía era la postmileniarista, que enseña que Jesús regresaría después de que hubiera establecido exitosamente el Reino de Dios en la tierra y llevado el evangelio a todas las naciones. Muchos creyentes aceptaban la creencia popular de que, como la aparición de Jesús se acercaba, la Iglesia debía esperar un gran avivamiento de los días finales en el que los primeros "dones de señales" de 1 Corintios 12 fueran restablecidos.

Después de la Guerra Civil, la teoría dispensacional previa al rapto se convirtió en la más popular en Estados Unidos en relación con el fin de los tiempos. Esta fue predispuesta con el propósito de negar un avivamiento o la restauración de los dones de señales en los días finales, y aunque fue popular en Estados Unidos, solo tuvo cierta influencia entre los cristianos europeos. Durante cientos de años, ni católicos ni protestantes tuvieron la expectativa de que la persona promedio tuviera la capacidad de actuar en los dones de sanación, obrar milagros, profetizar, o hablar en lenguas e interpretarlas. A otros dones como el de palabra de conocimiento o palabra de sabiduría se les dio otra definición para privarlos de su aspecto sobrenatural. El don de profecía también recibió el mismo trato y se comenzó a interpretar como referente a la predicación. Esta era la interpretación tradicional calvinista, así como de los luteranos. Sin embargo, a mediados del siglo XIX, este punto de vista cambió a una mayor expectativa en Europa por la restauración de los dones y oficios de el cristianismo apostólico.

Daniel 7 y Apocalipsis 13 se convirtieron en pasajes proféticos clave que muchos pensaron que estaban en pleno proceso de cumplimiento a finales del siglo XVIII. Vinson Synan, decano de la Regent Divinity School y el historiador pentecostal más famoso del siglo XX, escribió:

"Al desatarse la Revolución Francesa, los eruditos bíblicos se convencieron de que estos pasajes se estaban cumpliendo. La presentación de un nuevo calendario "revolucionario" y la adoración a una prostituta en la Catedral de Notre Dame como la nueva "diosa de la razón" parecían apoyar el acontecimiento apocalíptico de 1798, cuando tropas francesas bajo el mando del general Berthier entraron en Roma, decretaron una nueva república, y enviaron al Papa al exilio. Esto fue visto como la "herida de muerte" que marcaba el final de la hegemonía papal en el mundo".[1]

Un estudiante de profecía bíblica interpretó que los mil doscientos sesenta años mencionados en Apocalipsis y el "tiempo,

y tiempos, y medio tiempo" de Daniel (RV60) comenzaban en
el año 538 (el final del gobierno de los godos en Roma) y se
extendían hasta 1798, con el cumplimiento de la profecía. Synan
continúa:

"para los eruditos protestantes esta interpretación signifi-
caba que estaban viviendo en los días finales. La segunda
venida de Cristo estaba cerca, el milenio pronto comen-
zaría, y el Espíritu Santo sería pronto derramado sobre
toda carne como una señal adicional de que el final estaba
cerca. La larga noche de espera estaba por terminar. *En
cualquier momento volverían a manifestarse en la tierra
los dones carismáticos como en el día de Pentecostés*"
(itálicas añadidas).[2]

Los evangélicos en Inglaterra y en Europa continental siguieron esperando el derramamiento de los dones del Espíritu de los
días finales. En 1857, Charles H. Spurgeon, un famoso predicador bautista, dio un sermón titulado: "El poder del Espíritu
Santo". En este, dijo:

"Otra gran obra del Espíritu Santo que aún no se ha cum-
plido es el derramamiento de la gloria de la lluvia tardía. Dentro de pocos años, no sé cómo, el Espíritu Santo
se manifestará de una manera muy diferente a la actual.
Existen diferentes tipos de operaciones, y durante los últimos años ha ocurrido que la diversidad de operaciones
ha consistido en un derramamiento muy leve del Espíritu.
Muchos ministros han caído en rutinas aburridas, predicando, y predicando; y se ha logrado muy poco. Espero
que una nueva era se abra ante nosotros, y que haya un
mayor derramamiento del Espíritu, incluso ahora. Porque
llegará un momento, incluso podría ser ahora, en el que el

Espíritu Santo será derramado nuevamente de una manera tan maravillosa, que muchos correrán de un lado a otro, y el conocimiento aumentará. El conocimiento del Señor cubrirá la tierra como las aguas cubren la superficie del abismo, y su Reino vendrá, y su voluntad será hecha en la tierra como en el cielo [...]. Mis ojos destellan al pensar que seguramente viviré para ver el derramamiento del Espíritu, cuando "Los hijos y las hijas de ustedes profetizarán, tendrán visiones los jóvenes y sueños los ancianos".[3]

Crece la sed en Estados Unidos

En Estados Unidos el énfasis en la restauración de los dones del Espíritu y en el recibimiento de la experiencia del Espíritu Santo como un hecho posterior a la conversión, pasó de ser un tema secundario en la Iglesia a ser el tema fundamental. Este énfasis cada vez se fue haciendo más evidente, especialmente durante los últimos veinticinco años del siglo XIX. Dentro del Movimiento de Santidad se había adoptado básicamente la interpretación metodista de que el poder para la santificación o la santidad era "la segunda bendición manifiesta". Ahora se estaba convirtiendo en un mensaje de dos partes en el que la "segunda bendición" incluía los dones de poder del Espíritu Santo.

El movimiento de Keswick fue un movimiento de corte más calvinista que estuvo representado por hombres como el bautista A. J. Gordon y el presbiteriano A. B. Simpson. Pero uno de los líderes más fuertes en este nuevo énfasis del recibimiento ulterior de poder fue D. L. Moody, fundador del Instituto Bíblico Moody. Luego vino R. A. Torrey, sucesor de Moody y presidente del Instituto Bíblico Moody. Las conferencias de Moody en Northfield, Massachusetts, se convirtieron en un pilar de la enseñanza del bautismo de poder en el Espíritu Santo.

Moody murió en 1899, justo antes del surgimiento del esperado, anhelado y muy reclamado "nuevo Pentecostés". Estas conferencias en Northfield, fueron las reuniones donde E. W. Kenyon fue enormemente influenciado en la formación de muchos de sus puntos de vista teológicos. La persona a quien más citaba Kenyon era al bautista A. J. Gordon.[4]

Más tarde Kenyon influiría en el hombre que introdujo la doctrina de "la obra terminada" a las Asambleas de Dios durante sus primeros años de formación. La doctrina de la obra terminada influyó en la instructora del Movimiento de Santidad Phoebe Palmer, quien hacía énfasis en confesar lo que la Palabra de Dios enseña en relación a la santificación hasta poseerla.

Simpson, Gordon, Andrew Murray y Kenyon aplicaron el mismo principio a las sanaciones físicas: confesar las verdades de la palabra de Dios basados en la obra terminada de Cristo, hasta que se haga una realidad en uno. Este fue el mensaje del Movimiento Cura de Fe durante los últimos veinticinco años del siglo XIX, y fue adoptado por las nuevas denominaciones pentecostales. Más tarde, evangelistas sanadores como T. L. Osborn expresarían su agradecimiento a Kenyon, quien fue representante de esta enseñanza. El libro de F. F. Bosworth's *Christ the Healer* (Revell, 2001) es un resumen de las conclusiones del Movimiento Cura de Fe.

Algunos esperaban también la restauración de los oficios de los profetas y los apóstoles de Cristo, y no solo los dones de sanación, de milagros, de lenguas, y de interpretación de lenguas. En la década de 1830, un famoso predicador presbiteriano de Londres llamado Edward Irving, vio a los miembros de su iglesia experimentar los dones de lenguas y de profecía, entre otros. Irving creía que Dios había restaurado los dones de los apóstoles y los profetas. Finalmente, fue excomulgado por el presbítero por herejía por esta creencia. Tiempo después murió sumido en la pobreza.[5]

Una de las notas más tristes asociadas con la respuesta a un siglo de oraciones solicitando el derramamiento pentecostal, fue su rechazo por parte de algunos de los mismos grupos que habían estado pidiendo la visitación y restauración de los dones. Es posible que haya sido por la manera en que descendió en Azusa Street. En los días de las leyes de Jim Crow y la segregación racial, la idea de que Dios escogiera a un hombre de color tuerto, con poca educación formal, como instrumento de avivamiento, y lo llevara a cabo en una antigua caballeriza de un barrio bajo, era demasiado para algunos. Al parecer a Dios le gusta manifestarse en los establos.

El mismo Phineas Breese, líder de la recién formada denominación Iglesia Pentecostal del Nazareno, recibió una poderosa impartición al momento de su santificación (entendiendo aquí como *santificación* la interpretación del Movimiento de Santidad sobre la poderosa obra de la gracia en la vida del individuo que lo libera del poder del pecado. Esta era una experiencia poderosa y emocional posterior a la experiencia de conversión). Aún así, Breese rechazó el mensaje pentecostal y eliminó la palabra pentecostal del nombre de la denominación. Sin embargo, Bresee describió haber recibido una impartición extremadamente poderosa de parte de Dios:

"Una fría noche me senté solitario en el salón de la entrada de la casa parroquial. Como la puerta estaba abierta, me quedé mirando al cielo en ferviente oración, mientras caía la penumbra de la noche. Esperando y esperando en oración, mirando al cielo, me pareció como que del cielo caía un meteoro en forma de una bola de luz indescriptible. Descendía rápidamente hacia mí. Rápidamente, el meteoro ya estaba a solo unos cientos de pies de distancia, y de repente escuché claramente una voz decir: '¡Trágatelo!

¡Trágatelo!', mientras lo veía venir directamente. En un instante cayó sobre mis labios y mi rostro. Yo traté de obedecer la orden, pero fue como que solo pude tragarme un poco de él, aunque cayó como fuego sobre mis labios. El ardor de la quemadura continuó durante varios días. Esta experiencia por si sola no habría sido nada, pero produjo un cambio en mi ser y mi corazón; una transformación en mi vida; bendición, unción y gloria; algo que no había experimentado anteriormente. Sentí que mi necesidad había sido satisfecha. Yo siempre había sido evasivo en relación a mi propia experiencia. Era algo que nunca había logrado superar, y hablaba muy poco de ello. Pero ahora había llegado a mi ministerio un nuevo elemento de vida y poder espiritual. La gente comenzó a sentirse atraída a esta nueva bendición de salvación completa, hubieron más convertidos, y el último año de mi ministerio en esa iglesia fue más exitoso. Estuvo caracterizado por un avivamiento casi constante. Cuando terminó el tercer año, la iglesia tenía casi el doble de su membresía, y estaba constituida en todos los aspectos".[6]

Jesús dijo: "Edificaré mi iglesia, y las puertas del reino de la muerte no prevalecerán contra ella" (Mt. 16:18). Jesús no le pertenece al Movimiento La Viña, ni a ningún otro nuevo movimiento apostólico. Él no es católico romano, bautista, miembro de Las Asambleas de Dios, o nazareno. Él es el pionero de nuestra fe, el cristiano original, el "Ungido". Se ha dicho que Dios no hace nada sin poner primero a orar a su Iglesia; y que luego entonces Él responde las oraciones. Dios definitivamente puso a orar a su Iglesia en preparación para el mayor derramamiento de su Espíritu en setecientos años o más, ¡e incluso desde el primer Pentecostés!

La experiencia católica

Después de haber analizado la restauración en el protestantismo, permítame ahora compartir con usted lo que ha estado ocurriendo en la Iglesia Católica Romana en preparación para el nuevo Pentecostés. Se trata de una experiencia de gracia asombrosa proveniente del catolicismo. En las siguientes páginas estaré basándome exclusivamente en el material del libro del monseñor Walsh: *What Is Going On? Understanding the Powerful Evangelism of Pentecostal Churches* [¿Qué está ocurriendo? Cómo entender el evangelismo poderoso de las iglesias pentecostales].[7]

En este libro, monseñor Walsh narra la forma poderosa en que Dios se ha movido dentro de la Iglesia Católica, motivando que esta pida en oración un nuevo Pentecostés. Él cree que la Iglesia Católica contribuyó al avivamiento pentecostal a través de sus oraciones, conjuntamente con las oraciones de muchos protestantes. Cuenta la historia de la Beata Elena Guerra (1835–1914), la primera persona beatificada por el papa Juan XXIII, fundadora de una congregación religiosa dedicada a la devoción al Espíritu Santo (las Hermanas Oblatas del Espíritu Santo). Ella formó grupos de oración llamados "Cenáculos Pentecostales" con la finalidad de que la oración "Ven, Espíritu Santo" llegara a ser tan popular entre los católicos como el Ave María. Propuso cenáculos de oración de veinticuatro horas, esperando que la Iglesia Católica se uniera en oración constante, como lo hicieron María y los apóstoles. En 1885 sintió la necesidad de escribirle al papa, pero no lo hizo sino hasta varios años después. Luego, entre 1895 y 1903, le escribió doce cartas privadas al papa León XIII, cada una llamando a renovar la oración por el Espíritu Santo.

El papa León (pontificado de 1878 a 1903) publicó la carta apostólica *Provida Matris Caritate* (La Previsora Caridad de una Madre) en respuesta a las cartas de Elena. En esta, pide que toda la iglesia haga una novena solemne entre la Ascensión y el Pentecostés. La hermana Elena replicó que esto no era suficiente, así que redactó su famosa encíclica sobre el Espíritu Santo *Divinum Illud Manus* [Ese don divino]. La encíclica era excelente, pero la respuesta de la Iglesia fue muy discreta.

Sin embargo, tal vez más importante que la encíclica y la insistencia de la Beata Elena, fue la dedicación del siglo XX al Espíritu Santo hecha por el papa León el 1 de enero de 1901, invocando el *Veni Creator Spiritas* [Ven, Espíritu Santo]. Esto me parece extremadamente interesante, ya que ese mismo día, 1 de enero de 1901, se manifestó por primera vez el don de lenguas como evidencia inicial del bautismo del Espíritu Santo entre estudiantes de la Iglesia Bíblica Parham en Topeka, Kansas.

Monseñor relata otra serie de acontecimientos que ocurrieron en un pequeño pueblo de Checoslovaquia. En el siglo XI, en un momento en que el pueblo estaba pasando hambre por la pérdida de la cosecha debido al crudo invierno, una hermosa dama apareció en la montaña. Ella nunca se identificó, pero le enseñó a los habitantes del pueblo a invocar al Espíritu Santo. Ellos lo hicieron y fueron llenados del Espíritu Santo; y se manifestaron todos los dones pentecostales, incluyendo los dones de sanación, de profecía y de lenguas. Los pobladores evitaron la hambruna ese invierno porque el pan que habían horneado se multiplicó y los suministros alcanzaron hasta la siguiente cosecha.

Cada generación de habitantes del pueblo manifestó los mismos dones carismáticos. El pueblo no necesitó de cárcel ni hospital. Así de fuerte era el poder de la oración y la presencia de Dios en el lugar. Si alguien se enfermaba, el pueblo se unía en oración y esperaban a que Dios lo sanara. El divorcio era simplemente inexistente, y las familias agradecían cada hijo que Dios les enviaba. A los niños les enseñaban a vivir en el poder del Espíritu Santo. La Biblia era leída en todos los hogares. Los domingos todos celebraban alegremente la misa y compartían la cena de comunión.

A través de la palabra profética, a los pobladores se les comunicó que en la década de 1930 una difícil prueba vaciaría el pueblo. Esta profecía se cumplió en 1938 cuando los nazis asesinaron a casi todos sus habitantes. Durante las ejecuciones, el Espíritu Santo les dio perseverancia. Nadie renunció a su fe a causa de las amenazas.

La señora Anna María Schmitt fue una sobreviviente de esa matanza, y también sobreviviente de los campos de concentración nazis y rusos. Ella vivió en esa extraordinaria parroquia que estuvo totalmente llena del Espíritu Santo durante nueve siglos. Asombrosamente, este pueblo carismático fue visitado muchas veces por el obispo Angelo Roncalli, conocido más tarde como el papa Juan XXIII. A Anna María le encantaba sentarse a sus pies y escucharlo hablar de Jesús. Él estaba maravillado con todas las manifestaciones carismáticas que presenció. Una vez le preguntaron a Anna María si ella pensaba que la oración del papa Juan pidiendo un nuevo Pentecostés había sido inspirada en su pueblo. Ella pensaba, sin embargo, que este deseo de un nuevo Pentecostés ya estaba en su corazón desde mucho antes de que él los visitara. Él parecía saber lo que podía pasar cuando la gente invocaba al Espíritu Santo.

Monseñor Walsh relata: "Cuando Angelo Roncalli se convirtió en papa [en 1958] y llamó al Concilio Vaticano Segundo, le pidió a toda la Iglesia que hiciera una oración especial que comenzaba con estas palabras: 'Renueva tus maravillas en este día, como si se tratara de un nuevo Pentecostés'".[8] También añade que durante los primeros días del nuevo movimiento pentecostal, agradecieron constantemente al papa Juan por lo que había hecho, dado que el movimiento no habría sido aceptado sin su Concilio. El papa Juan XXIII murió en 1963. Cuatro años más tarde el Espíritu Santo sorprendió a todos y se inició la Renovación Pentecostal Católica. Monseñor Walsh comenta que los involucrados decían: "Si tan solo el papa Juan hubiera sabido lo que ocurriría como respuesta a su oración pidiendo un nuevo Pentecostés".[9]

Según Monseñor Walsh, a pesar de que dos importantes papas del siglo XX buscaron abiertamente el fuego del Espíritu en la Iglesia Católica (León XIII y Juan XXIII), la mayor parte de las señales y maravillas se suscitaron afuera de ella. Como resultado, en algunos países miles salieron del catolicismo a lugares donde pudieron experimentar más del Espíritu Santo. Monseñor Walsh concluye:

> "Con toda sinceridad, el papa Juan parece haber sido relegado, como si su sueño pentecostal era demasiado ingenuo. Si no despertamos pronto, descubriremos que el sueño pentecostal del papa era demasiado real, pero nosotros no estábamos dispuestos a recibir el fuego del Espíritu".[10]

¿Estamos listos?

La Iglesia Católica Romana le pidió a Dios otro Pentecostés a principios de siglo, y luego nuevamente en la década de 1960, pero tampoco pudo aprovecharlo cuando llegó. La mayoría del mundo protestante también respondió de esa manera. La Iglesia Católica Romana relegó la nueva presencia del Espíritu a grupos separados afuera de la misa, su servicio de adoración habitual. De la misma manera, y aunque muchas denominaciones protestantes tradicionales permitieron que se formaran congregaciones de pastores y líderes carismáticos "de armario", los protestantes no se atrevieron a incluir la nueva dinámica del Espíritu en sus servicios de adoración. También relegaron el Espíritu a ocasiones y grupos especiales, pero no recibieron el nuevo Pentecostés en la adoración habitual de los domingos. El resultado fue que aquellos que querían experimentar la plenitud del Espíritu en grupo, y no solo en pequeños grupúsculos escondidos de la congregación, comenzaron a crear o a unirse a nuevas iglesias carismáticas donde tenían la libertad de hacerlo.

Muchos sintieron la necesidad de que las gracias y los dones del Espíritu fueran ordenados a través de los rituales formales de la Iglesia. De esta manera, la profecía se ha reducido a los cargos rituales dados durante la ordenación. La imposición de manos se ha convertido en un ritual para establecer a las personas a su lugar de servicio. El llamado a los obreros ya no proviene del Señor a través de los profetas de la iglesia, sino por la elección de los miembros de la junta de nombramiento y el voto de la congregación. Para muchos, su iglesia ya no funciona como una teocracia en la que Dios está al control, sino como una democracia pura en la que el voto de la mayoría es decisivo, o una forma de gobierno republicana en la que los representantes de la congregación realizan una sesión o un equipo de líderes, o como quiera que se lo llame.

El problema con esta forma de vida en la iglesia es que hace perder el sentido de la presencia de Dios como guía, líder, sostenedor, suplidor, y visitador. ¡No es de extrañar entonces que ya no quede misterio alguno en las reuniones de la iglesia! Me temo que el reverendo Dave Gernetsky, pastor de la mayor iglesia bautista de Sudáfrica (y de la Iglesia Bautista Quigney en el este de Londres en 1998) tenía razón cuando me dijo: "Oramos para que venga el Espíritu Santo, pero cuando llega, lo primero que le decimos es: 'Ahora siéntate en la parte de atrás y compórtate'".

Las imparticiones son maravillosas, pero también desordenadas. Pueden ser bulliciosas e interrumpir el "ritual" que se está llevando a cabo cuando ocurren. Cuando Dios visita la iglesia para avivarla o renovarla, se comporta de una manera acorde a lo que Él *sabe* que es: la cabeza de la iglesia. Cuando llega,

llega a tomar las riendas, no a sentarse en la última banca para comportarse como quiere la mayoría. El reverendo Gernetsky, quien antes se había negado a permitir la libertad del Espíritu Santo en su iglesia, también dijo en su congregación: "Yo no quiero ser irrespetuoso, pero cuando orábamos para que Dios viniera, nuestras oraciones eran algo así como: 'Misu misu, gatito gatito... y de repente... *Grrrrrrr*.... ¡Se aparece el León de Judá! Era mucho más fuerte y fiero que el 'gatito' amaestrado y controlable que estábamos esperando".

Como dijo C. S. Lewis refiriéndose a Aslan, un tipo de Cristo en sus *Crónicas de Narnia*: ¡Él es bueno, pero no es seguro!

Me temo que esta manifestación de Dios que sobrevino sobre la Iglesia en la década de 1990, y que se ha diseminado alrededor del mundo, sea rechazada debido a la tensión entre el hombre y Dios por el control de la liturgia o el orden en el servicio. Creo que en todos los grandes avivamientos del siglo XX Dios ha tratado de restaurar su control sobre la Iglesia de una manera práctica, y no solo a través de un entendimiento teológico o doctrinal de esta realidad. Casi todos estos avivamientos han hecho hincapié en la restauración de los dones del Espíritu Santo y en un regreso al uso de las palabras "apostólica" o "pentecostal". De igual manera, a través de ellos la Iglesia ha visto el surgimiento de un nuevo orden de hombres y mujeres que fueron enviados (de hecho ese es el significado principal de la palabra apostólico) como misioneros o nuevos predicadores del evangelio, haciendo que muchos experimenten una nueva energía en los servicios de la Iglesia. Podemos decir esto del derramamiento pentecostal inicial con Parham en Topeka, Kansas en 1901, y que continuó en el Avivamiento Welsh de 1904, el Avivamiento Pentecostal de la calle Azusa en 1906, los avivamientos de las décadas de 1920 y 1930 bajo la dirección de Smith Wigglesworth y otro grupo de evangelistas pentecostales sanadores, el Avivamiento de la Lluvia Tardía de 1947, el Avivamiento de Sanación de

1948, el Avivamiento Carismático de 1960, el Movimiento de Jesús de finales de la década de 1960 y principios de la década de 1970, El Movimiento Tercera Ola de la década de 1980, y el "Avivamiento de la Risa" de la década de 1990.

La impartición ha sido una herramienta poderosa del Espíritu Santo para la difusión de cada uno de estos avivamientos alrededor del mundo. Yo sé que la bendición de Toronto fue solo una parte del "Avivamiento de la Risa", como algunos lo han llamado; pero solo en Toronto más de cincuenta y cinco mil iglesias fueron tocadas por el Espíritu apenas en el primer año. Millones de personas vinieron a los que comenzó en una pequeña iglesia en un local comercial de un aeropuerto en Toronto.

Lo más asombroso de la Bendición de Toronto era lo *trasferible* que era. Un artículo de prensa aparecido en Londres la comparó con la gripe aviar china.[11] ¿Cómo se transfería? Primeramente a través de la imposición de manos, algunas veces acompañada de profecías. Y aún continúa siendo transferida alrededor del mundo, pero solo en aquellos lugares donde la gente está dispuesta a permitir que Dios tome el control y dirija a su Iglesia. Tal vez una de las razones por las que la impartición se ha convertido en la "enseñanza fundamental" más olvidada y descuidada de la Iglesia del Nuevo Testamento, es que a través de la profecía y la imposición de manos Dios ocupa nuevamente el asiento del conductor, por decirlo de alguna manera, de las iglesias y de la Iglesia. Él designa, Él llama, Él capacita, Él nos envía a las naciones y dirige verdaderamente a su iglesia. La iglesia deja de ser un lugar seguro para visitar. Usted ya no puede adaptarse a la liturgia cuando Dios maneja las cosas a través de su Espíritu.

En este nuevo milenio, los cristianos ya no nos encontramos en una cultura predominantemente cristiana. Ahora estamos en un mundo altamente paganizado. Nuestro mundo actual tiene muchas más similitudes que nunca al mundo del primer o segundo siglos posteriores a la crucifixión y resurrección de Jesús. Si la Iglesia ha de ser la levadura que levante la masa, si queremos ver el Reino de Dios expandirse, entonces no podemos confiar en nuestras propias fuerzas, sino en el Espíritu de Dios. "No será por la fuerza ni por ningún poder, sino por mi Espíritu— dice el Señor Todopoderoso" (Zac. 4:6). Necesitamos rescatar todas las enseñanzas fundamentales enumeradas en Hebreos 6:1–2, incluyendo la más perdida de la historia de la Iglesia: la imposición de manos.

Yo concuerdo con el papa Juan Pablo II, quien en su importante encíclica *Veritatis Splendor* [El esplendor de la verdad] ratificó la importancia, e incluso la necesidad, de la obra del Espíritu Santo desligada de los enfoques racionalistas actuales; libre para hacer su obra en el "nuevo evangelismo".

"En la raíz de la nueva evangelización y de la vida moral nueva, que ella propone y suscita en sus frutos de santidad y acción misionera, está el Espíritu de Cristo, principio y fuerza de la fecundidad de la santa Madre Iglesia, como nos recuerda Pablo VI: 'No habrá nunca evangelización posible sin la acción del Espíritu Santo'. [...] Afirmaba ya Novaciano, expresando de esta forma la fe auténtica de la Iglesia— 'aquel que ha dado firmeza a las almas y a las mentes de los discípulos, aquel que ha iluminado en ellos las cosas divinas; fortalecidos por él, los discípulos no tuvieron temor ni de las cárceles ni de las cadenas por el nombre del Señor; más aún, despreciaron a los mismos poderes y tormentos del mundo, armados ahora y fortalecidos por medio de él, teniendo en sí los dones que este mismo Espíritu dona y envía como alhajas a la Iglesia, esposa de Cristo. En efecto, es él quien suscita a los profetas en la Iglesia, instruye a los maestros, sugiere las palabras, realiza prodigios y curaciones, produce obras admirables, concede el discernimiento de los espíritus, asigna las tareas de gobierno, inspira los consejos, reparte y armoniza cualquier otro don carismático y, por esto, perfecciona completamente, por todas partes y en todo, a la Iglesia del Señor'".[12]

Ralph Martin, líder fundamental de la renovación, y autor dentro del movimiento carismático católico, realiza un análisis concienzudo que tiene paralelismos con los protestantes. Él afirma:

"Recuerdo que cuando las manifestaciones contemporáneas de la renovación carismática aparecieron por primea vez en la Iglesia Católica en 1976, algunos teólogos opinaron que los dones carismáticos del Espíritu no eran realmente necesarios en el siglo XX. Afirmaban que estos dones le habían sido dados a la Iglesia primitiva porque esta se desenvolvía en un ambiente pagano hostil y necesitaba de tales manifestaciones del Espíritu Santo para confirmar la predicación del evangelio.

Según lo visto en los capítulos anteriores y lo que hemos testificado personalmente, creo que queda claro que ya no estamos viviendo en una sociedad cristiana y que necesitamos todo el 'poder de lo alto' que podamos obtener. ¡Cuán rápidamente se está disolviendo la cristiandad ante nuestros ojos! ¡Cuán rápidamente una era de historia eclesiástica está terminando y otra comenzando! ¡Cuánto ha cambiado durante los últimos veinticinco o treinta años! ¡Cuán rápidamente estamos llegando a la misma situación en la que estaba la Iglesia primitiva, desenvolviéndose y predicando en medio de una sociedad pagana! ¡Cuán urgentemente necesitamos un nuevo Pentecostés!".[13]

Quiero terminar añadiendo que este nuevo Pentecostés o restauración de los dones del Espíritu, debe incluir también una restauración de todos los aspectos de la doctrina perdida de la

Iglesia del Nuevo Testamento. Debe incluir la enseñanza fundamental de la que el diablo ha privado más a la Iglesia: la doctrina de la imposición de manos, que incluye el entendimiento tanto de los dones del Espíritu, como del Espíritu Santo mismo. ¿Por qué el diablo se ha esforzado tanto en atacar esta doctrina? Por su poder para bendecir a la iglesia. Por eso es que el diablo ha tratado de generar malentendidos y divisiones en la Iglesia; para evitar la restauración del ministerio de impartición. A menos que esta doctrina sea completamente restaurada en la Iglesia, esta no podrá afirmar que toda la gracia está obrando en ella.

II

Construir puentes para que otros puedan recibir

Hemos explorado juntos en estas páginas el fundamento bíblico de la doctrina de la imposición de manos, y hemos visto los vientos de cambio que han llegado a través de los avivamientos. También escuchó mi testimonio de impartición, y cómo esto revolucionó mi vida y mi ministerio. A través del testimonio de otros que han recibido "poder de lo alto", hemos visto el fruto de la impartición por todo el mundo. Pero aún existen muchos que tienen grandes problemas con la impartición. Estas personas enfrentan obstáculos en sus creencias y puntos de vista, que no permiten que deseen recibir impartición. Uno de mis objetivos al escribir estas páginas es ayudar a apartar esos obstáculos y construir un puente de entendimiento que permita que estas personas salgan de la tierra del escepticismo y la incredulidad en cuanto al actual ministerio de los dones del Espíritu.

En el año 1994 pude escuchar la suave voz del Señor decirme claramente: "Tú debes ser un encendedor de fuegos, un emisor de visiones, y un constructor de puentes". Como "encendedor de fuegos" entendí que debía facilitar brotes del poder de la presencia de Dios en ciertas áreas o iglesias. Como "emisor de visiones" entendí que debía elevar la comprensión de las personas en cuanto a creer en ciertas cosas, como: milagros, sanaciones, liberaciones, y manifestaciones milagrosas de la presencia de Dios en su medio. Y comencé a entender que "constructor de puentes" se refería a cerrar la brecha que impide que algunos reciban todas las bendiciones de Dios a través del poder del Espíritu Santo. Construir puentes estaba relacionado también con construir relaciones entre líderes clave en todo el mundo para producir una mayor unidad entre ellos a favor del avivamiento.

La tarea de construir un puente desde el mundo de los evangélicos pentecostales, carismáticos, y de la tercera ola; hasta el mundo de los evangélicos cesacionistas, que atraviese la enorme brecha de intransigencia y escepticismo de lado y lado, no es fácil. Para poder construir este puente entre estos dos campos, no solo es necesario estudiar las Escrituras, sino darle una mirada a la teología histórica. La teología histórica no solo considera lo que dice la Biblia, sino que identifica cuándo surgió una nueva interpretación, y si esta fue predominante en la Iglesia.

Apliquémosle la teología histórica a algunos de los mayores obstáculos que previenen que los que están en el campo cesacionista reciban o acepten la impartición del Espíritu Santo. Yo espero que este puente que voy a tratar de edificar al analizar este asunto pueda ser cruzado por muchos, y que a través de él puedan llegar a la tierra del gran "Yo soy", donde "Jesucristo es el mismo ayer y hoy y por los siglos" (Heb. 13:8).

Las principales objeciones hechas a la impartición

¿Cuáles son algunas de la principales objeciones hechas a la impartición o a la transferencia de la unción? ¿Qué obstáculos impiden creer en la continuación de los dones del Espíritu Santo, y en la continuación de los oficios de la Iglesia especificados en

Efesios 4:11–12? ¿Qué hace que la gente se muestre tan escéptica en cuanto a la mayoría de los avivamientos y renovaciones, incluyendo la Bendición de Toronto? Creo que hay cuatro las objeciones principales a la idea de que los dones del Espíritu Santo continúan hoy:

1. La cosmovisión introducida a la Iglesia por Tomás de Aquino en el siglo XIII, trescientos años antes de la Reforma. Antiguamente se cría que la verdad y la realidad provenían de dos fuentes: del mundo espiritual (a través de la revelación) y de la razón. Esta nueva cosmovisión, sin embargo, tenía la tendencia a pensar que se obtenían únicamente de la razón. Tomás de Aquino fue uno de los teólogos más importantes del catolicismo romano, y su *Suma Teológica* hizo que la cristiandad se volviera más racionalista.[1]

2. El pensamiento del racionalismo y la ilustración que se desarrolló en el siglo XVIII, y continúa hasta hoy. Se basa en la hipótesis filosófica de que nada sobrenatural puede ocurrir. Esto está representado más claramente en el libro del filósofo del siglo XVIII David Hume, *Of Miracles* (Open Court Classics, 1986).

3. La polémica (o argumento) protestante contra los dones carismáticos aparecida después de la era apostólica. El punto de vista resultante es conocido como cesacionismo.

4. El enfoque del tiempo del fin desde el punto de vista dispensacional que se que se desarrolló alrededor de 1830. Este enfoque adopta una actitud derrotista hacia el fin de los tiempos, y mira el último período de la historia como un tiempo en el que la Iglesia será tibia, y no habrá avivamientos. También cree que esta Iglesia tibia y desesperada será raptada antes de la tribulación de los días finales.[2]

Yo ya he tratado de cierta manera la mayoría de estos temas en este libro y en otros, pero me gustaría hablar un poco más sobre el cesacionismo, o la creencia de que los dones cesaron con la muerte de los apóstoles o con la canonización de las Escrituras. Este tópico es de vital importancia porque al acoger la enseñanza cesacionista inmediatamente estamos descartando la continuidad del ministerio de impartición. Y es que la impartición a menudo está asociada con el don de profecía y los dones de sanación o palabra de conocimiento, así como con el bautismo en el Espíritu Santo.

B. B. Warfield fue el erudito cesacionista más influyente del siglo pasado. Él fue un famoso profesor en el Seminario Teológico Princeton, y en 1917 escribió el libro *Counterfeit Miracles* [Milagros falsificados], que se creía probaba más allá de toda duda la veracidad del cesacionismo. Warfield defendía los fundamentos de la fe cristiana en contraposición a la teología liberal de la época. Cuando yo estudiaba en el seminario me dijeron que su libro *Counterfeit Miracles* constituía la estocada final a la creencia de que los milagros habían continuado a lo largo de la historia de la Iglesia.

Warfield, sin embargo, no era muy coherente con su metodología.[3] Él no entendía el propósito principal de los milagros, y su método para evaluarlos era inconsistente. Además, ¡cuando su propia hermenéutica para interpretar la Biblia era aplicada fielmente a los textos de la Escritura pertinentes al tema, contradecían su posición cesacionista![4] Si usted desea un estudio más completo del cesacionismo desde una perspectiva filosófica, bíblica, e histórica, lea el libro de Jon Ruthven *On the Cessation of the Charismata: The Protestant Polemic on Postbiblical Miracles*. Este provee la mejor información que he leído sobre el tema, además de una exégesis de todos los pasajes más importantes relacionados, y un excelente análisis de las presuposiciones del cesacionismo. También analiza con detalles el inconsistente método histórico empleado por Warfield. Ruthven comenta que en el libro de Warfield "poco menos de media docena de páginas, de entre más de trescientas, están dedicadas a la base bíblica, y de ellas, casi ninguna a textos exegéticos específicos".[5]

Cerrando la brecha

Si queremos cerrar la brecha o crear un puente hacia los escépticos de la impartición y los dones actuales del Espíritu, creo que debe hacerse a través de interpretaciones bíblicas correctas, un método histórico consistente que evalúe los milagros, y una presentación honesta de los frutos positivos (y no solo de los acontecimientos más estrafalarios) asociados con los movimientos de avivamiento y renovación. Basados en una exégesis genuina, evangélica, académica, y radical del texto, encontraremos un común acuerdo.

Creo que cualquiera que sea el lado en el que nos encontremos actualmente, todos estamos de acuerdo en que este mundo lleno de almas perdidas y sedientas de Dios aún necesita a ese Dios a quien nosotros llamamos Salvador. Nuestro mensaje para ellos no debe estar limitado a un Dios que en el pasado llenó de poder a los santos para que realizaran un ministerio sobrenatural, pero que ahora no puede hacer por nosotros lo que hizo en la "época dorada" de la Iglesia primitiva. Tampoco nuestro mensaje puede estar limitado a lo que Dios hará en el futuro cuando regrese de nuevo. ¡No! Nuestro mensaje debe proclamar lo que Dios puede hacer en el presente por aquellos que están ahora en necesidad.

Dios ama al mundo y está tratando de alcanzarlo a través de la Iglesia, su cuerpo en esta tierra. El Señor Jesús desea continuar llevando a cabo su voluntad "en la tierra como en el cielo", porque Él "es el mismo ayer y hoy y por los siglos" (Mt. 6:10; Heb. 13:8). Esto significa que el propósito del Padre, revelado a través de su Hijo, ha sido continuo a través de la actividad del

Espíritu Santo desde el tiempo del Pentecostés hasta la segunda venida de Jesús. Todo lo que el Padre tiene le pertenece a toda la Iglesia, y no solo a los pentecostales o los carismáticos. Pertenece a aquellos que por fe se apropian de lo que les ha sido dado por gracia.

Con construir puentes estoy queriendo decir que aquellos que manifiestan dones espirituales no son más santos o más salvos que quienes no los manifiestan. Ni siquiera son más maduros en el Señor. Sin embargo, estos suelen ver más frutos en la cosecha a medida que se acerca el tiempo del fin. Cuando deseamos una mayor intimidad con Dios y la experimentamos, así como un mayor derramamiento del Espíritu Santo, somos llevados a lugares a los que es atraído el corazón de Dios: a donde están los pobres, las viudas, los huérfanos, y todos los habitantes del mundo que aún no se han arrepentido. Cuando experimentamos el amor y la renovación de Dios, nos levantamos de la mesa de su banquete con nuevas fuerzas para llevar su mensaje al mundo.

Yo deseo que toda la Iglesia pueda experimentar lo que siempre veo en los equipos misioneros a corto plazo que Global Awakening lleva a diferentes lugares del mundo. El "bando" del cual uno proviene es irrelevante al ver que no hay manera de distinguir quiénes son los pentecostales de los presbiterianos del grupo, los metodistas de los menonitas, los católicos de los de la Iglesia de Dios de Cleveland, o los bautistas de los hermanos. En vez de estar divididos por asuntos y obstáculos pasados, rápidamente se forma un lazo de amor y compañerismo entre nosotros que solo puede tener un origen sobrenatural. Pasamos momentos extraordinarios expulsando demonios, sanando a los enfermos, e imponiendo nuestras manos sobre líderes para impartirles dones basados en la gracia. Lo importante para el grupo es Jesús, y verlo edificar su Iglesia a través del ministerio actual del Espíritu Santo.

Después de que usted y yo hemos visto en las páginas de este libro cómo recuperar la doctrina bíblica de la imposición de manos, he tratado de apartar los obstáculos que han impedido que muchos deseen recibir impartición. He tratado de construir un puente de entendimiento que permita que muchos salgan del lado del escepticismo y la incredulidad en relación al ministerio actual de los dones del Espíritu Santo. Espero que muchos crucen este puente. Como hijos de Dios, ninguno de nosotros tiene la necesidad de vivir como "asalariado", cuando en realidad el Padre quiere que estemos sentados su lado en la mesa disfrutando de su herencia y de todo lo que tiene para nosotros aquí y ahora. ¡Corra a sus brazos! ¡Aprópiese de su gracia! ¡Obre a través de su poder! Todo lo que Él tiene, es nuestro.

Conclusión

Cómo vivir la impartición

En resumen, permítame decir que yo creo que la Biblia no se justa ni a la posición pentecostal ni a la evangélica en relación al bautismo en el Espíritu Santo o a la manera en que recibimos otro tipo de imparticiones. Las dos posiciones son demasiado estrechas. Yo creo que el mismo Dios que hizo que no existan dos huellas dactilares o copos de nieve iguales no tenía la intención de que la experiencia de cada uno con el Espíritu fuera la misma.

Cuando examinamos los pasajes bíblicos, especialmente los del libro de Hechos, encontramos diferencias en la manera en que los creyentes experimentaron el Espíritu Santo. En Hechos 2 vemos que la gente fue bautizada y llena del Espíritu Santo en una reunión de oración en la que se hicieron presentes las lenguas, mientras que en Hechos 4:31 recibieron el bautismo en el

Espíritu Santo sin lenguas. A veces el Espíritu descendía después del bautismo con agua, con la imposición de manos y *sin* lenguas, como en Hechos 8. En otras ocasiones, como en Hechos 9, no se dan detalles de cómo o cuándo alguien recibió la impartición del Espíritu. Las imparticiones del Espíritu pueden ocurrir al momento de la conversión, antes del bautismo con agua, y con lenguas y profecía acompañándolas, como se dice en Hechos 10 que ocurrió en la casa de Cornelio. Las imparticiones pueden también ocurrir después del bautismo con agua, con la imposición de manos acompañadas de lenguas y profecía, como en hechos 19.

Aquí vemos en acción a un Dios al que le gusta la diversidad, y mi sugerencia es que nosotros aprendamos a ser iguales. De hecho, creo que si pudiéramos aprender a apreciar esta diversidad bíblica, tendremos la capacidad de apreciar la diversidad dentro del Cuerpo de Cristo, la cual Satanás siempre ha tratado de usar para dividirnos.

En la iglesia que yo dirigía, respetábamos y recibíamos a todos aquellos que tenían experiencias diferentes a las nuestras y que reflejaban esta diversidad del Nuevo Testamento. No tratábamos de convencerlos de que su experiencia no era válida o no se ajustaba a la nuestra. Por el contrario, entendíamos que Dios es libre de bautizarnos y llenarnos con su Espíritu Santo, o de impartirnos dones de la manera en que él crea conveniente. Si mantenemos esto en mente, podremos lograr unidad en medio de la diversidad.

De hecho, yo trato de hacer menos hincapié en la experiencia de recibir impartición del Espíritu, y más en los frutos de tener una relación íntima con Jesucristo. El motivo por el cual yo animaba a los miembros de mi iglesia a no preguntarles a los demás si habían sido bautizados en el Espíritu, es porque en realidad la respuesta a esa pregunta no dice mucho. ¿Qué quiero decir con esto? Es como preguntarle a una persona si ha tenido una boda.

Tal vez responda que sí, pero eso no nos dirá cómo es su relación con su cónyuge. Es posible que viva en un infierno matrimonial, o que tenga la relación perfecta. Es posible que la persona esté casada, divorciada o separada. Realmente no podemos saber cuál es la relación matrimonial de alguien preguntándole si ha tenido una boda. Yo creo que podríamos saber más si le preguntamos cuán estrecha es la relación con su esposo o esposa, o si lo ama o la ama más ahora que cuando se casaron.

Cualquiera puede haber tenido una experiencia con Dios en el pasado, llámese bautismo en el Espíritu Santo o alguna clase de impartición del Espíritu; pero estar ahora fría, tibia, o apartada. O por el contrario, podría estar completamente enamorado o enamorada del Señor. Debemos fijarnos es en la *relación*. De esta manera, nadie podrá esconderse detrás de una experiencia del pasado. No es suficiente haber recibido el bautismo en el Espíritu Santo. Debemos permanecer llenos del Él. No es suficiente haber recibido impartición del Espíritu Santo. Necesitamos vivir continuamente en el poder del Espíritu.

La Biblia no solo refleja la diversidad de experiencias en relación con la impartición del Espíritu Santo, sino también la historia de la Iglesia. Debo creer que Jesús tenía razón cuando en Lucas 24:49 hizo de la recepción de poder una evidencia del Espíritu Santo: "Ahora voy a enviarles lo que ha prometido mi Padre; pero ustedes quédense en la ciudad hasta que sean revestidos del poder de lo alto". También creo que Arthur Blessitt tenía razón cuando nos dijo que debíamos destacar lo que está en "rojo", refiriéndose a las palabras de Jesús en la Biblia.

Cuando leo la historia de la Iglesia, encuentro que los que recibieron "poder de lo alto" ejercieron después una influencia poderosa en la Iglesia y la sociedad. Algunos de ellos, como Francisco de Asís, Ignacio de Loyola, Francisco Javier, y la Madre Teresa, fueron católicos romanos. Otros, como George Whitefield y el doctor Billy Graham fueron o son reformados. Otros como

John Wesley, John Fletcher, E. Stanley Jones y Charles Finney eran armenios. Y otros como Maria Woodworth Etter, John G. Lake, Smith Wigglesworth, T. L. Osborn, Oral Roberts, Omar Cabrera, Carlos Annacondia, Claudio Freidzon, Luis Palau y David Yonggi Cho eran o son pentecostales.

A mí me cuesta creer que los no pentecostales que acabo de mencionar no hayan sido bautizados en el Espíritu Santo, o que jamás hayan recibido impartición del Espíritu Santo porque no hablaban en lenguas. También me cuesta creer que haya otros que han sido llenados del Espíritu Santo y hablen en lenguas, y que tengan poca influencia en la Iglesia o la sociedad. Si el poder es el propósito principal y es evidencia de la presencia y la obra del Espíritu Santo, debo entonces reconocer que la historia de la Iglesia y la Biblia indican que las personas pueden ser bautizadas en el Espíritu Santo y recibir impartición de diversas maneras y experiencias.

El Dr. Billy Graham concluye su libro *The Holy Spirit* con esta ilustración:

"Hace más de cien años dos hombres jóvenes conversaban en Irlanda. Uno dijo: 'El mundo aún no visto lo que Dios puede hacer a través de un hombre que esté completamente consagrado a Él'. El otro hombre meditó en esa declaración durante semanas. Lo conmovió tanto, que un día exclamó: 'Por el poder del Espíritu Santo, yo voy a ser ese hombre'. Los historiadores ahora cuentan que este hombre alcanzó dos continentes para Cristo. Su nombre fue Dwight L. Moody".[1]

El resultado está en el fruto

Por mi parte, agradezco a Dios por haber hecho posible que yo pudiera recibir una buena educación para el ministerio. Le agradezco por los bautistas que me ayudaron a ir a la universidad y al seminario, y por mis clases de avivamiento en este último. Gracias a estas cosas, aprendí mucho sobre los avivamientos históricos. Las clases del doctor Lewis Drummond en el Seminario Teológico Bautista del Sur me enseñaron a reconocer los avivamientos. Sus lecciones me expusieron a casi todos los fenómenos que se suscitaron en Toronto a través de las lecturas de los avivamientos históricos en Norteamérica.

Sin embargo, nunca me hablaron en la universidad ni en el seminario del mayor avivamiento en la historia cristiana. De hecho, lo ignoraron completamente. Me refiero al Gran Avivamiento Pentecostal. Dios en su providencia sabía que este era un gran punto ciego para mí, y me aclaró el panorama. Creó citas divinas para que yo comenzara a aprender sobre el gran avivamiento de los pentecostales. Gracias a estos estudios, aprendí que en el Avivamiento de la calle Azusa, que duró tres años, no hubo muchas conversiones. Sin embargo, el resultado estuvo en el fruto, lo que ocurrió con aquellos que fueron a las reuniones. Ellos fueron bautizados en el Espíritu Santo, y regresaron con esa impartición a sus lugares de origen en Estados Unidos o el mundo, donde comenzaron las conversiones. De estas iglesias avivadas, o de las recién formadas iglesias pentecostales, nacería un avivamiento mundial acompañado del mayor movimiento misionero del siglo. En menos de cien años los pentecostales y los carismáticos se convirtieron en el mayor grupo de cristianos protestantes del mundo, superando en número a todos los demás protestantes juntos. Donde la obra de otros protestantes había estado activa durante quinientos años, el Movimiento Pentecostal la sobrepasaría en número de adherentes, conversiones, y obreros en apenas cien años.

Espero que cuando usted lea sobre el avivamiento que se ha iniciado en Mozambique y alrededor del mundo, también desee recibir el derramamiento del Espíritu Santo en su vida y en su

Iglesia. Espero que sienta la sed de la impartición de Dios. Espero que no sienta temor de las manifestaciones del Espíritu Santo. Espero que aquellos que meten miedo con estas cosas a través de programas de programas de radio o de sus libros no lo engañen. Estos detractores del avivamiento solo ven los extremos, y presentan una imagen de lo divino ajustada a esos extremos. Solo muestran los peores frutos, y las cosas que ocurren cuando algunos pastores o miembros de la Iglesia no usan sabiamente el poder de Dios. Muy rara vez mencionan los buenos frutos resultantes de todas estas acciones divinas.

En los capítulos anteriores usted tuvo la oportunidad de leer sobre frutos reales y perdurables. Espero haber presentado suficientes fundamentos bíblicos e históricos de lo que estamos experimentando, de manera que ya no cause miedo y rechazo. Yo no sé si es demasiado tarde para que Estados Unidos y Europa participen en esta manifestación divina que hemos llamado "el Río". La oportunidad está aquí, y así como llegó puede irse. Espero que no. Yo anhelo otra visitación de la presencia de Dios en nuestro país. Pero esta vez, espero que haya suficiente información sobre el verdadero avivamiento y los fenómenos que lo acompañan, de manera que la gente no responda con miedo o se resista a la acción divina, sino que responda con fe y acepte lo que Dios está haciendo. Espero que deseen estar entre los primeros en recibir una impartición fresca de esta nueva cosa que Dios está haciendo.

Espero que este libro le haya despertado ese sed por algo más. Sed por una impartición de amor y compasión apostólicos, sed por una impartición de los dones necesarios para ser más fructífero en su ministerio. ¡Yo sé que usted está sediento! Si no fuera así, lo más seguro es que no habría comprado este libro ni lo habría leído hasta aquí. Dios conoce su sed y quiere tocarle. Creo que algunos de mis lectores serán misioneros. Otros se convertirán en plantadores de iglesias, en pastores, y en grandes líderes de la Iglesia. Según lo que he aprendido por mi propia experiencia, los que reciben impartición son los que están más dispuestos a servir en el Reino de Dios, y los que disfrutan más el servicio.

Yo soy el primero en admitir que no todos serán llamados a ir a las naciones, pero todos serán llamados a ir a alguna parte. La pregunta es, ¿a dónde? Tal vez usted será llamado a ir a una tierra distante, a otro país como Mozambique, Camboya, Ucrania o Brasil. Probablemente tendrá que adentrase en barriadas donde están los más pobres de los pobres, bien sea en su país o en otro. Algunos serán llamados a visitar a sus vecinos, sus pueblos o ciudades, y algunos incluso a ministrar a las prostitutas en las calles o a los drogadictos. El asunto es que todos somos llamados a ir. Incluso los que damos nuestras vidas en servir a nuestras iglesias debemos modelar la actitud de ser "enviados".

Si queremos ser más exitosos en la misión al lugar o grupo que nos toque, necesitamos más de la unción. Necesitamos una impartición fresca del cielo. Recuerde la preocupación de Mel Tari de no hacer que la gente piense que lo único que necesita es alguien que le imponga las manos para recibir impartición. Él tiene razón: usted necesita mucho más que eso. Usted necesita humildad, carácter, e integridad, así como intimidad con Dios. Lo que usted recibió a través de la impartición debe vivirlo en fiel obediencia, incluso cuando esta represente sufrimiento. Lo que usted reciba debe resguardarlo manteniendo una relación personal con Dios. Usted ha de resguardar su corazón del orgullo, la amargura, el resentimiento, las relaciones rotas, y el deseo por las cosas materiales o carnales. "Busquen primeramente el reino de Dios y su justicia, y todas estas cosas [sus necesidades, no sus deseos] les serán añadidas" (Mt. 6:33).

Tocados y renovados

Al concluir, permítame orar por usted. Le aconsejo leer la siguiente oración y luego esperar a que el Señor descienda y lo toque. Si le toca esperar, no olvide que el tiempo pareciera transcurrir más lento cuando esperamos. Algunos tenemos la tendencia a esperar solo durante unos minutos. Yo, sin embargo le aconsejo que espere en el Señor al menos durante diez minutos. Espere en Él y crea que va a ser tocado y renovado. Es posible que hasta reciba una encomienda de parte de Dios con una impartición tan poderosa que se convierta en un "forjador de la historia en su tierra".

Padre, te pido en el nombre de Jesús que satisfagas la sed de ti que tiene la persona que sostiene este libro. Bendigo a esta persona en el nombre de Jesús, y te pido que el fuego del Espíritu Santo descienda sobre ella. Te pido que liberes tu amor y compasión en su corazón en este momento. Imparte de manera especial tus dones de conocimiento, sanaciones, profecía, y realización de milagros a través de esta persona en los días por venir. Mientras espera en tu presencia, con mis brazos extendidos y palmas hacia arriba te pido que tu poder toque sus manos. Multiplica su poder. Aumenta su poder. Bautiza a este lector en tu Espíritu Santo y llena su alma con la paz del Príncipe de Paz. En el nombre de Jesús, amén.

Que Dios lo bendiga y lo fortalezca con su gran poder ahora que comienza o continúa el emocionante ministerio de cooperar con el Espíritu Santo. A través de Él somos capacitados para ser copartícipes de la obra de Cristo. ¡Que él nombre de Jesucristo sea puesto en alto en nuestras ciudades a través de las sanaciones y liberaciones, y que el evangelio sea proclamado con poder de lo alto!

Notas

Capítulo 1: El fundamento bíblico de la impartición

1. Gordon Fee, *Paul, the Spirit, and the People of God* (Hendrickson Publishers, 1996), pp. 102–103. El Dr. Fee también afirma en la página 84: "Lo que es difícil de imaginar es a Pablo teniendo esta conversación con los nuevos conversos. En Gálatas 3:1–5, cuando él los anima a permanecer con 'la fe con que aceptaron el mensaje' y no dejarse llevar por las 'obras que demanda la ley', él no está apelando primeramente a la verdad del evangelio, sino a su experiencia con el Espíritu Santo, mediante la cual iniciaron el camino del discipulado cristiano. No trata de tocar sus sentimientos, sino algo que era común para todos: la realidad experimentada de su conversión a Cristo a través del advenimiento del Espíritu".

Capítulo 2: Un hombre es preparado: mi testimonio de impartición

1. Si desea detalles de mi testimonio de impartición y de los frutos que le siguieron, vea mis otros libros *Healing Unplugged* (Chosen, 2012), *The Essential Guide to Healing* (Chosen, 2011) y *Lighting Fires* (Global Awakening, 2006).

Capítulo 3: El recibimiento de la impartición

1. Billy Graham, *The Holy Spirit* (Word, 1975).

2. Cuando dejó de imprimirse, nuestro ministerio Global Awakening lo publicó de nuevo en el año 2005, y está ahora disponible en nuestra página de Internet. Una versión editada de 1970 excluyó la mayoría de las manifestaciones. El libro publicado por Global Awakening es la versión original.

3. Este concepto impera en el libro de Lawrence Wood *The Meaning of Pentecost in Early Methodism* (Scarecrow Press).

4. Joe McIntyre, E. W. Kenyon, *The Man and His Message of Faith, the True Story* (Casa Creación, 1997). Kenyon fue grandemente influenciado por el bautista A. J. Gordon, quien a su vez fue influenciado por el escritor de la Alianza Cristiana y Misionera George Peck. El libro de Peck de 1888 *Throne Life* influyó enormemente sobre Gordon, y a través de Kenyon sus ideas influyeron en William Durham. Durham por su parte introdujo la doctrina de la "obra terminada" en la denominación de las Asambleas de Dios en sus inicios.

5. Vinson Synan, *The Holiness-Pentecostal Movement in the United States* (Eerdmans, 1971).

6. McIntyre, E. W. Kenyon, p. 47.

7. Entre los líderes del Movimiento de Keswick estaban: Robert Pearsall Smith, el reverendo Evan H. Hopkin, J. Hudson Taylor y Reginald Radcliffe. Se inició en 1875 en Keswick, Inglaterra. Usted puede encontrar más información en Internet en http://online.ambrose.edu.

8. Graham, *Holy Spirit*, p. 108.

9. *Ibíd.*, p. 110 (itálicas de Graham).

10. Gordon Fee, *God's Empowering Presence* (Baker).

11. Vea más de esto en Wood, *The Meaning of Pentecost in Early Methodism*.

12. Graham, *Holy Spirit*, p. 110.

13. *Ibíd.*

14. *Ibíd.*, pp. 112–113.

15. Harold Lindsell, *The Holy Spirit in the Latter Days* (Thomas Nelson, 1983), p. 111 (itálicas añadidas).

16. *Ibíd.*, pp. 113–122.

17. *Ibíd.*, pp. 120.

18. *Ibíd.*

19. *Ibíd.*, p. 121. Yo no veo ninguna diferencia en el uso de las Escrituras o en el enfoque de las Escrituras entre la enseñanza de Lindsell sobre la plenitud del Espíritu y la enseñanza de Word of Faith sobre cómo recibir sanación. Aunque se trata de dos temas distintos, el enfoque es el de confesar como realidad declaraciones de las Escrituras y de fe sin que aún se haya manifestado la experiencia. Yo no tengo problemas con el método de apropiación, sino con la posibilidad de ser satisfechos con una confesión de fe que no se ha manifestado.

Capítulo 6: ¿Por qué son necesarias las imparticiones? ¿Para qué señales y maravillas?

1. Si desea una lista más detallada de las diferentes maneras en que se revela la gloria de Dios, vea el capítulo 6: "Healing and the Glory of God" en mi manual de la Escuela de Sanación e Impartición *Kingdom Foundations* (pp. 63–73).

2. Jon Ruthven, "The 'Imitation of Christ' en Christian Tradition: Its Missing Charismatic Emphasis", *Journal of Pentecostal Theology* 16, (2000).

3. Jon Ruthven, *On the Cessation of the Charismata*, 2da ed. (Word & Spirit Press, 2011), pp. 185–186.

4. *Ibíd.*

5. *Ibíd.*

6. *Ibíd.*

7. Si desea más información sobre Leif Hetland y su ministerio, visite las páginas de Internet www.leifhetlandministries.com y www.globalmissionsawareness.com.

8. Steve Stewart, *When Everything Changes* (Freshwind Publishing, 2012), p. 13.

9. Steve Stewart, *Impact Nations newsletter*, mayo de 2006.

10. Steve Stewart, "The 'Ripples' from the Nakuru Prison Baptism Tank Keep Growing", (29 de mayo de 2012), http://network.impactnations.com.

11. Por más historias sobre Steve Stewart y su ministerio, vea su libro *When Everything Changes* (Freshwind Publishing, 2012), o visite la página de Internet: www.impactnations.com.

12. Si desea más información sobre los Long y Catch the Fire USA, visite la página de Internet www.catchthefireusa.com.

Capítulo 7: Obediencia radical: Impartición de poder para morir

1. Esta cita y las siguientes sobre el brote de cólera han sido tomadas del artículo "Dangerous Cholera Outbreak/God's Response" del boletín de *Iris Ministries, Inc.*, 28 de febrero de 2001. Ver www.irismin.org.

2. Rolland y Heidi Baker, "Congo and Beyond", boletín de *Iris Ministries, Inc.*, 7 de junio de 2005.

Capítulo 8: Revestidos de poder: ¡Nadie está a salvo!

1. Esta profecía fue dada con mucho más detalle por el profeta Paul Cain. Él la recibió más de veinticinco veces como una visión abierta. También he conocido dos hombres más de diferentes regiones del país, y uno de otro país, que han tenido la misma visión.

2. Si desea un excelente resumen de cómo el pentecostalismo se diseminó y de la importancia de la impartición para los primeros líderes, vea *In the Latter Days* por el Dr. Vinson Synan (Xulon Press, 2001), y *2000 Years of Charismatic Christianity* por el Dr. Eddie Hyatt (Charisma House, 2002). Este último muestra también la principal estrategia de Satanás de atacar la unción afirmando que esta tiene un origen diabólico. Yo a esto lo llamo la controversia de Belcebú.

3. Este movimiento fue llamado la "Lluvia tardía", un término que también fue usado por los primeros pentecostales. Para una mejor comprensión de este movimiento, vea: *The Latter Rain Movement of 1948 and the Mid-Twentieth Century Evangelical Awakening* por el Dr. Richard Riss (Honeycomb Visual Productions, 1987). Algunos líderes se adentraron en prácticas poco ortodoxas, pero esto no caracterizó a todo el movimiento. Lamentablemente, las denominaciones pentecostales de ese entonces rechazaron a todo el movimiento. En mi opinión, como resultado de ese rechazo experimentaron muy poco de la unión profética que era la mayor característica de este movimiento.

4. Si desea más información sobre el Pastor Henry Madava y su ministerio, visite la página de Internet www.victorychurch.org.ua.

5. Basado en información del departamento de Ministerios Internacionales hasta febrero de 2011.

6. Global Awakening ofrece actualmente cuatro Escuelas de Sanación e Impartición. 1. Manifestaciones de avivamiento y sanación (llamada ahora *Fundamentos*) 2. Incredulidad. 3. Perspectivas médicas y espirituales. 4. Fe y sanaciones. Pronto ofreceremos una nueva escuela de cuatro días: Sanación, los cristianos y la Nueva Era. Estos son cursos de cuatro días impartidos en el mundo de habla inglesa. Si desea más información sobre los cursos y los lugares donde se imparten, visite el sitio de Internet: www.globalawakening.com.

Capítulo 9: La herencia de los santos: Impartición y visitación

1. Justino Mártir, "The Second Apology of Justin for the Christians" (dirigida al Senado Romano alrededor del año 161 d. C.), www.earlychristianwritings.com. Fíjese que esta y otras citas incluidas en este libro extraídas del sitio de Internet Early Christian Writings y otros sitios similares, pueden accederse abriendo el enlace mencionado y apretando los botones "Ctrl" y "F" simultáneamente en su PC ("Command" y "F" en Mac). Esto abre la herramienta de "búsqueda y reemplazo". Escriba una frase del pasaje en la caja de búsqueda y apriete *enter*. Esto le permitirá buscar en el documento completo de manera rápida y sencilla el pasaje deseado, así como material relacionado a este.

2. Hermas, "The Shepherd of Hermas" III.X.4 en *The Apostolic Fathers*, traducido por el arzobispo William Wake (John Grant, 1909). Ver también www.earlychristianwritings.com.

3. Morton Kelsey, *Healing and Christianity* (Augsburg Fortress, 1995), pp. 118–119. Fíjese que aunque no apoyo la última parte del libro de Kelsey, la cual analiza la sanación desde un punto de vista de la psicología analítica de Jung, lo recomiendo por su extensiva documentación histórica del ministerio de sanación en la historia de la Iglesia.

4. Tertuliano, *To Scapula* (Cartago: alrededor del año 217 d. C.), www.earlychristianwritings.com. Tertuliano fue uno de los tres mayores teólogos de los primeros mil doscientos años de la Iglesia, además de Agustín y Aquino. Sin embargo, más tarde en su vida se unió a los montanistas no ortodoxos. Esta cita pertenece a su período de ministerio ortodoxo.

5. Kelsey, *Healing and Christianity*, p. 119.

6. *Ibíd.*, sin página. Ver también la información de la página de Internet en la nota 7.

7. Origen, "Contra Celsus", (Alexandria: alrededor del año 248 d. C.), www.earlychristianwritings.com.

8. Morton Kelsey, *Healing and Christianity.* (Harper & Row, 1976), p. 150. Ver también Ireneo, "Contra las herejías" (alrededor del año 180 d. C.), www.columbia.edu.

9. *Ibíd.*, p. 151, y ver pp. 148–152.

10. *Ibíd.*, p. 149.

11. *Ibíd.*, p. 185. Ver también *Retractationum* de San Agustín.

12. *Ibíd.* Ver también *Retractationum* de San Agustín.

13. Si desea más información, ver mi manual de la Escuela de Sanación e Impartición *Deliverance, Disbelief, and Deception* (Global Awakening, 2009), pp. 102–103.

14. Kelsey, *Healing and Christianity*, pp. 204–205.

15. *Ibíd.*, pp. 219–220.

16. Henry Worsley, *The Life of Martin Luther in Two Volumes* (Bell y Daldy, 1856), 2:286–288.

17. Theodore J. Tappert, *Luther* (Regent College Publishing).

18. Thomas Boys, *The Suppressed Evidence*. Esta obra está disponible en varias ediciones.

19. Jonathan Edwards, *The Works of Jonathan Edwards*, t. 1 (Banner of Truth Trust, 1995). Ver también www.ccel.org.

20. Guy Chevreau, *Catch the Fire* (HarperCollins).

21. *Ibíd.*, pp. 78–79.

22. Edwards, *The Works*, I.lxviib.

23. *Ibíd.*, pp. 86–88.

24. *Ibíd.*, p. 90.

25. Esto me lo enseñó el Dr. Lewis Drummond, mi profesor de evangelismo en el Seminario Teológico Bautista del Sur en Louisville de 1975 a 1977. El Dr. Vinson Synan confirmó en una charla que dio en 1994 en San Luís (donde yo realicé una de las conferencias de Catch the Fire) que el primer Gran Despertar fue llamado el "Gran Clamor".

26. Chevreau, *Catch the Fire*, 92, citando a Edwards, *The Works*, I.lxiva.

27. *The Works of John Wesley*, 3ra edición (Baker), 1:175.

28. *Ibíd.*, p. 187.

29. *Ibíd.*

30. *Ibíd.*, p. 188.

31. *Ibíd.*, p. 189.

32. *Ibíd.*, p. 190.

33. *Ibíd.*, p. 210.

34. George Whitefield, *George Whitefield's Journals* (Banner of Truth Trust, 1960), p. 263.

35. Clare G. Weakley Jr. ed., *The Nature of Revival* (Bethany House, 1987), passim.

36. Nancy A. Hardesty, *Faith Cure* (Hendrickson Pub.).

37. Lewis Drummond y John Havlik, *How Spiritual Awakenings Happen* (The Sunday School Board of the Southern Baptist Convention, 1981), p. 15.

38. Paul K. Conkin, Cane Ridge: *America's Pentecost* (University of Wisconsin Press, 1990).

39. Si desea más información, ver mi manual de la Escuela de Sanación e Impartición *Revival Phenomena and Healing* (Global Awakening, 2008), pp. 7–16.

40. Conkin, Cane Ridge, p. 23.

41. *Ibíd.*, p. 24.

42. Lewis Drummond, *The Awakening That Must Come* (Broadman Press, 1978), pp. 16–17.

43. Lewis Drummond y John Havlik, *How Spiritual Awakenings Happen* (Sunday School Board of the Southern Baptist Convention, 1981).

44. Peter Cartwright, *Autobiography of Peter Cartwright*, ed. Charles L. Wallis (Abingdon, 1956), p. 12.

45. *Ibíd.*, p. 45.

46. *Ibíd.*, p. 46. Ver también la página 10 de mi manual de la Escuela de Sanación e Impartición *Revival Phenomena*.

47. Charles Finney, *Charles G. Finney* (Revell, 1876, 1908), pp. 20–21. Ver también la página 16 de mi manual de la Escuela de Sanación e Impartición *Revival Phenomena*.

48. Finney, *Autobiography*, p. 21.

49. Ver también la página 5 de mi manual de la Escuela de Sanación e Impartición *Revival Phenomena*..

50. En 1994 le pedí a la secretaria de mi iglesia que llamara a todos los seminarios bautistas y les hiciera a sus profesores de evangelismo esta pregunta.

51. Mary Crawford, *The Shantung Revival* (Global Awakening).

52. Synan, charla sobre avivamiento.

53. Yo me gradué en diciembre de 1977 y no sé si esto ha sido corregido.

54. Al menos no fueron mencionados durante mis cuatro años de estudios religiosos en la universidad, y tres en el seminario, incluyendo la clase especial sobre avivamiento, dictada por el Dr. Drummond.

55. Hardesty, *Faith Cure*, passim.

56. Kelsey, *Healing and Christianity*, p. 145.

57. Hardesty, *Faith Cure*, passim.

58. Carta de Stephen Olford, 9 de mayo de 1996; cf. Marshall Frady, Billy Graham (Little Brown).

Capítulo 10: Vientos de cambio: Preparación para la restauración

1. Vincent Synan, *In the Latter Days*. (Xulon Press, 2001).

2. *Ibíd.*, 32.

3. Charles Spurgeon, "El poder del Espíritu Santo" (sermón dado el 17 de junio de 1855), www.spurgeon.org.

4. La mayoría de los estudios recientes relacionados con Kenyon, atribuyen algunos de los orígenes de sus creencias a la herejía del Nuevo Pensamiento de Nueva Inglaterra. Como ejemplo de esto tenemos: Stanley M. Burgess, Gary B. McGee, y Patrick H. Alexander, *The Dictionary of Pentecostal and Charismatic Movements* (Zondervan, 1988), p. 374. Sin embargo, estos se basan en la investigación errónea de D. R. McConnell, *A Different Gospel* (Hendrickson Publishers, 1988). El excelente libro *E. W. Kenyon* de Joe McIntyre desmiente esta teoría basada en conjeturas erróneas y una cronología equivocada de la vida de Kenyon. El libro de McIntyre es una obra indispensable que debe ser leída por todo aquel que quiera entender la verdadera fuente de los orígenes de Word of Faith. No cuento con tiempo para probar este punto,

pero McIntyre lo hace completamente. Sin embargo, debo decir que los orígenes de las ideas de Kenyon se encuentran en grandes líderes evangélicos de su tiempo. Estamos hablando de hombres como A. J. Gordon, el pastor bautista que leía el texto griego de la Biblia todas las mañana en su devoción; A. B. Simpson, un connotado presbiteriano, fundador de la Alianza Cristiana Misionera; A. T. Pierson; D. L. Moody; R. A. Torrey; Andrew Murray, et. al. En su libro *Only Believe*, El Dr. Paul King concuerda con McIntyre en que la fuente de influencia de Kenyon era evangélica en vez de del Nuevo Pensamiento. Ver Joe McIntyre, E. W. Kenyon: *The Man and His Message of Faith, the True Story* (Casa Creación), passim, y Paul L. King, *Only Believe* (Word & Spirit Press, 2008), p. 64.

5. David Pytches, *Prophecy in the Local Church* (Hodder and Stougton, 1993), p. 221.

6. Timothy L. Smith, *Called Unto Holiness*. (Nazarene Publishing House). Citado en E. A. Girvin, P. F. Bresee, *A Prince in Israel* (Beacon Hill Press, 1916), pp. 82–83.

7. Monseñor Vincent M. Walsh, *What Is Going On? Understanding the Powerful Evangelism of Pentecostal Churches* (Key of David Publications, 1995), pp. 158–162.

8. *Ibíd.*

9. *Ibíd.*

10. *Ibíd.*

11. Andrew Brown, "The Holy Spirit Hits South Kensington", *The Independent*, 21 de junio de 1994.

12. Papa Juan Pablo II, Veritatis Splendor; ver: www.vatican.va

13. Ralph Martin, *The Catholic Church at the End of an Age*. (Ignatius Press, 1994), p. 111.

Capítulo 11: Construir puentes para que otros puedan recibir

1. Tomás Aquino quería alcanzar a los musulmanes, cuya sociedad saldría del Oscurantismo antes que la Europa cristiana. Ellos habían cambiado su filosofía de vida de la neoplatónica a la aristotélica. Aquino trató de reescribir la teología cristiana desde un punto de vista aristotélico para poder llegarles. A esta obra se la conoció como *Suma Teológica* y se convirtió en la base de toda la teología católica durante varios cientos de años. Aún ocupa un lugar prominente dentro de la teología católica.

2. Para entender mejor el desarrollo histórico de esta doctrina dispensacionalista o sistema de interpretación bíblica, vea la obra del periodista Dave MacPherson: *The Late Great Pre-Trib Rapture* (Heart of America Bible Society, 1974). Esta relación ha sido negada por Darbyites, pero este escritor cree que ha sido probada por la investigación de MacPherson. La mayoría de los historiadores no reconocen que Edward Irving creía en el rapto previo a la tribulación antes que J. N. Darby; ni que este fue influenciado por un sacerdote jesuita que escribía como un "supuesto" judío convertido. Este jesuita estuvo tratando de negociar con los comentadores protestantes del

siglo XVI, la época en la que él vivió, y veía al papa como el anticristo, y a la Iglesia Católica como la gran ramera de Babilonia. Irving no se dio cuenta de que el libro que lo influenció había sido escrito por un católico. Tampoco J. N. Darby. Esta información está en los siguientes artículos dispensacionales que no fueron escritos por MacPherson, sino por un autor anónimo que se hacía llamar "un predicador del evangelio". Estos son los mejores recursos que he encontrado sobre el dispensacionalismo:

Dave McPhearson, "Edward Irving Is Unnerving," www .scionofzion.com/edward_irving.htm.

A Gospel Preacher, "Dispensationalism—History," http://regal-network.com/dispensationalism/.

A Gospel Preacher, "Dispensationalism—Doctrines," http:// regal-network.com/dispensationalism/doctrines.htm.

A Gospel Preacher, "Dispensationalism—Links," http://regal-network.com/dispensationalism/links.htm.

A Gospel Preacher, "Dispensationalism—PDFs," http://regal-network.com/dispensationalism/pdfs.htm.

3. Yo desarrollo más extensivamente este tema de la evolución del dispensacionalismo y los argumentos de Warfield en las charlas que ofrezco como parte de la asignatura II de la Escuela de Sanación de Global Awakening: "B. B. Warfield, sus falsos milagros y su repercusión actual: Introducción al cesacionismo", y "B. B. Warfield, sus falsos milagros y su repercusión actual: Entendiendo las debilidades históricas y bíblicas". Usted puede leer las páginas 29–43 y 61–84 del manual de nuestra Escuela de Sanación e Impartición: *Deliverance, Disbelief, and Deception* (Global Awakening, 2006) por más información.

4. Si no desea leer el libro, puede obtener un punto de vista más popular en nuestro II manual de la Escuela de Sanación e Impartición, y de las charlas correspondientes.

5. Jon Ruthven, *On the Cessation of the Charismata*. (Sheffield Acadmic Press, 1993, 1997, 2011), p. 77.

Conclusión: Cómo vivir la impartición

1. Graham, *Holy Spirit*, p. 220.

RANDY CLARK es el fundador de Global Awakening, un ministerio de enseñanza, sanidad e impartición que cruza líneas confesionales. Es un orador internacional de alta demanda que forma parte de la Red Apostólica de Global Awakening y viaja extensamente dictando conferencias, sirviendo en misiones internacionales, capacitando líderes y ofreciendo ayuda humanitaria. Randy y su esposa, DeAnne, viven cerca de Harrisburg, Pennsylvania.

LIS MILLAND

DRA. LIS MILLAND

Lo que la pérdida no te **PUEDE QUITAR**

Herramientas para SUPERAR el dolor emocional

UNA GUÍA PARA SANAR LA AUTOESTIMA

Mujer, conoce tu valor y vive con propósito

DRA. LIS MILLAND

AUTORA DE *LO QUE LA PÉRDIDA NO TE PUEDE QUITAR*

EL PERFIL PSICOLÓGICO DE JESÚS

Aprendamos del Maestro a manejar efectivamente nuestras emociones

DRA. LIS MILLAND

AUTORA DE *VIVE LIBRE, VIVE FELIZ*

Nací para ser feliz

Un instrumento para fortalecer la autoestima, vencer los miedos, manejar la ira y desarrollar valores en los niños

I Was Born to Be Happy

Dra. Lis Milland

Prólogo por la Dra. NORMA PANTOJAS

Dra. LIS MILLAND

Vive libre **VIVE FELIZ**

Una guía de **21 DÍAS** para la sanidad interior

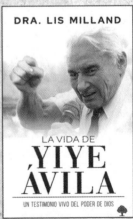

DRA. LIS MILLAND

LA VIDA DE **YIYE ÁVILA**

UN TESTIMONIO VIVO DEL PODER DE DIOS

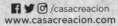

CASA
CREACIÓN

Te invitamos a que visites nuestra página
web, donde podrás apreciar la pasión por
la publicación de libros y Biblias:

www.casacreacion.com

f @CASACREACION

t @CASACREACION

@CASACREACION

Para vivir la Palabra